Ernst Suter-Schaltenbrand
Vom meditativen Leben

ERNST SUTER-SCHALTENBRAND

Vom meditativen Leben

Erfahrungen auf dem anthroposophischen Schulungsweg

VERLAG AM GOETHEANUM

Einbandgestaltung von Gabriela de Carvalho

Satz: Heiko Hanekop
Druck und Bindung: Freiburger Graphische Betriebe

ISBN 3-7235-1106-6

Meiner Frau Rosmarie gewidmet,
die meine Arbeit begleitet hat

Inhalt

Vorwort

In dem Büchlein «‹… aber er bemerkt es nicht›, Aspekte des anthroposophischen Schulungsweges» hat sich der Autor mit der Frage befaßt und Antworten aufgezeigt, warum man, nach der Aussage Rudolf Steiners, beim Arbeiten auf dem anthroposophischen Schulungsweg nach verhältnismäßig kurzer Zeit mit seinem Selbst in der geistigen Welt darinnen steht, ohne daß man es bemerkt.

In dieser neuen Schrift werden auf dem Schulungsweg sich ergebende wichtige meditative Erfahrungen geschildert, die für das tiefere Hineinwachsen in die geistige Welt von grundlegender Bedeutung sind.

Möge auch dieses Büchlein jedem Leser, der sich mit dem Schulungsweg befaßt oder auch erst beschäftigen möchte, in seinem meditativen Tun Stütze und Hilfe sein.

Basel, Pfingsten 2001 *Ernst Suter-Schaltenbrand*

Vom meditativen Leben

Welche Meditation soll ich wählen, und welche Anweisungen muß ich befolgen, um ein erfolgreiches meditatives Leben zu pflegen? Diese und ähnliche Fragen bewegen wohl jedermann, der sich mit dem anthroposophischen Schulungsweg zur Erlangung der Erkenntnisse von höheren Welten befassen will. Rudolf Steiner hat, weil die Menschen in ihren geistigen Anlagen verschieden sind, mannigfaltige Meditationen gegeben, so daß jeder, der Geistesschüler werden möchte, einen Meditationsinhalt wählen kann, der seiner geistigen Konstitution am besten entspricht. Bei diesen Meditationen kann grundsätzlich zwischen solchen mit Sinnbild-Inhalten (symbolischen Bildern, wie das Kreuz mit den sieben Rosen, oder Zeichnungen, welche geistige Tatbestände wiedergeben) und Meditationssprüchen (sogenannten Mantras), welche geisteswissenschaftliche Wahrheiten aussprechen, unterschieden werden.[1] In der Praxis erweist es sich, daß es Menschen gibt, denen vor allem das Arbeiten mit Bildmeditationen liegt; andere wiederum haben die Veranlagung, besonders erfolgreich mit Wortmeditationen zu arbeiten. Bei beiden Meditationsarten ist indessen zunächst das Wesentliche, daß durch ein intensives (kontinuierliches) Üben Kräfte erarbeitet werden, die in jeder Seele latent vorhanden sind, aber nur durch ein solches Üben zum Erwachen kommen. Darum sagt Rudolf Steiner in seiner «Geheimwissenschaft im Umriß»[2]: «Auf den *Inhalt* der Vorstellungen, welche das imaginative Leben erfüllen, kommt nichts an; dagegen alles auf die Seelenfähigkeit, die an diesem Erleben herangebildet wird.» – Um dieses Ziel zu erreichen, muß den gewählten Meditationen treu geblieben werden; man soll sie nicht immer wieder wechseln, in der Meinung, mit anderen Mantras oder Sinnbildern bessere Fortschritte erzielen zu können. «Steter Tropfen höhlt den Stein.» Wer diese Wahrheit beachtet – also nicht müde wird, über lange Zeit mit gleichen Mantras zu arbeiten –, wird am schnellsten voranschreiten. Jedoch soll das meditative Arbeiten nicht stur nur mit einem einzigen Inhalt geschehen. Eine Anzahl von Meditationen, mit denen der Geistesschüler durch Jahrzehnte leben möchte, als Kern seines meditativen Schaffens nach und nach sich auszuwählen, ist eine der Aufgaben, die sich ihm stellen.

Die ersten Schritte

Doch «aller Anfang ist schwer». Diese Lebenserfahrung gilt besonders für das Arbeiten auf dem Schulungsweg, denn die Anfangsschwierigkeiten sind hier besonders groß, weil der Schüler vorerst den Menschen, der übersinnlich erleben kann, in sich erschaffen muß. Alles meditative Arbeiten hat zunächst zum Ziel, diesen neuen Menschen aus dem Alltagsmenschen des Schülers zum Erwachen zu bringen, der neben dem bisherigen Menschen besteht. Und dieses Erwachen ist vielfältig. Der neue Mensch manifestiert sich nicht nur dadurch, daß der Schüler sich in einem neuen Wesen erlebt, das sich seinem bisherigen Menschen als wahres Ich – als sein Ewigkeitswesen – gegenüberstellen kann, sondern daß er auch zugleich erfährt, daß seine Grundseelenkräfte – sein Denken, Fühlen und Wollen – eine neue Gestalt annehmen und neue Eigenschaften offenbaren. Auf diese Gestalt und die neuen Eigenschaften hat der Autor schon in verschiedenen Aufsätzen hingewiesen.[3] In Kürze sei erwähnt, daß das Denken, Fühlen und Wollen des Schülers sich auf dem Schulungsweg beginnen zu trennen, also selbständiger und dadurch sowie durch ihre neuen Eigenschaften zu Organen werden, um das Geistige in der Welt zu erleben (zum Wahrnehmen der Weltgedanken durch das lebendig gewordene leibfreie Denken; zum Erfühlen der Eigenschaften der Dinge durch das objektiv gewordene Fühlen und zum Miterleben der Wesensäußerungen der Dinge dadurch, daß der Wille eine Umkehrung erfahren hat und der Schüler den Ursprung seines Willens nunmehr nicht in sich, sondern in den Dingen erlebt). Erst wenn diese Umgestaltung der Seelenkräfte bis zu einem gewissen Grad vorangeschritten ist, kann ein hellseherisches Erleben beginnen.

Das meditative Schaffen

Beim meditativen Schaffen, auf das näher eingetreten werden soll, sind Erfahrungen zu berücksichtigen, wie sie sich bei jedem Lernen ergeben. Eine solche ist, daß Fähigkeiten und Kräfte nur durch wiederholtes Tun erwachsen. So erwachsen auch die meditativen Fähigkeiten nur durch ein regelmäßiges, wiederholtes Leben in der Meditation. Zu tausend Malen müsse eine Meditation wiederholt werden, sagt Rudolf Steiner, damit sich im Astralleib des Menschen die Kräfteströmungen, die sich durch das Leben in einer Meditation erbilden, zu einer bleibenden Form, zu den sogenannten Lotusblumen, gestalten.[4] Bei diesem Üben ist es gut, wenn man allgemeine Lernerfahrungen berücksichtigt. Daß man zum Beispiel, wenn es möglich ist, abends vor dem Schlafen übt und den Meditationsinhalt am Morgen, nach dem Aufwachen, in seiner Seele wieder bewegt. Wie bei jedem Lernen erfährt man hierbei, daß das Mitgenommen-Haben des Inhalts in den Schlaf hinein dazu führt, daß er beim Wiedererleben am Morgen in vertiefter Form vor der Seele steht. Aber auch beim Pflegen eines Meditationsinhaltes durch Jahre hindurch läßt sich erfahren, daß wir den Inhalt ein Jahr später gegenüber dem Vorjahr in einer gereifteren Form erleben. – Da sich ein Vertiefen von Gefühlen und das Erwerben von Kräften nur durch ein wiederholtes Erleben von Inhalten verwirklichen, kann auch alles meditative Schaffen nur mit einem unermüdlichen, ausdauernden Wiederholen verbunden sein. Tröstlich ist dabei jedoch, was der Autor in seinem Aufsatz «... aber er bemerkt es nicht»[5] geschildert hat, daß wir bei einem regelmäßigen meditativen Schaffen schon verhältnismäßig rasch in der geistigen Welt darinnen stehen, auch wenn wir es vorerst noch nicht bemerken. Geduld zu haben und an Fortschritten nicht mehr zu erwarten als die sich einstellenden, ist ein unerläßliches Erfordernis, damit der Schüler nicht von hemmenden Regungen der Ungeduld befallen wird. Wichtig ist nicht, wie weit man kommt, sondern daß man fühlt, daß man auf dem richtigen Wege ist und in einer Entwicklung steht, zu der uns auch die Schicksalsgeschehnisse in unserem Leben führen wollen.

Welche Meditation soll ich wählen?

Zu der anfangs gestellten Frage «Welche Meditation soll ich wählen?» sei gesagt, daß es gut ist, zunächst mit Inhalten zu arbeiten, die einem besonders liegen. Es können die im schon erwähnten Aufsatz «Vom Wesen der Meditation»[6] genannten Abend- und Morgen-Meditationen sein, die zu den Hauptübungen in der bis 1914 bestehenden Esoterischen Schule zählten:

Abends: Es tritt bewußt mein Ich
Aus dem Reich der Daseinshüllen,
Zu ruhen in der Welten Wesen.

Ins Göttliche strebet es.
Gewinne Seele dieses Reich;
Des Geistes glänzend Wogenmeer,
Des Lichts erstrahlende Gebilde.

Morgens: Lichterstrahlende Gebilde.
Glänzendes Wogenmeer des Geistes,
Euch verließ die Seele.
In dem Göttlichen weilte sie,
In ihm ruhte ihr Wesen.
In das Reich der Daseinshüllen
Tritt bewußt mein «Ich».

Oder:

Abends: In der Gottheit der Welt
Werde ich mich selber finden,
in IHR ruhe ich.
Es erstrahlet die Göttlichkeit meiner Seele
In der reinen Liebe zu allen Wesen,
Es erglänzet die Gottheit der Welt
In den reinen Strahlen des Lichtes.

Morgens: In den reinen Strahlen des Lichtes
Erglänzet die Gottheit der Welt.
In der reinen Liebe zu allen Wesen
Erstrahlet die Göttlichkeit meiner Seele.
Ich ruhe in der Gottheit der Welt;
Ich werde mich selbst finden
In der Gottheit der Welt.

Doch können auch andere Meditationen gewählt werden, zu deren Inhalt man sich hingezogen fühlt. Erwähnt sei beispielsweise das wunderbare Mantra, zu dem Rudolf Steiner knappe Hinweise gegeben hat, wie es vorstellend und fühlend meditiert werden kann:

Abends:

Es schwebet empor Aus den Weltentiefen Die Christussonne	*mehr vorstellend*
Ihr Licht wird Geist –	*vorstellend-fühlend*
Es leuchtet im All Es geistet in mir Es lebet in meinem Ich.	*fühlend meditieren*

Morgens:

Es lebet in meinem Ich Es geistet in mir Es leuchtet im All	*mehr fühlend*
Es ist das Geisteslicht –	*vorstellend-fühlend*
Es ist Licht der Christussonne Aus den Weltentiefen Aus denen es schwebend kommt.	*vorstellend meditieren*

(Meditationen aus dem Band «Seelenübungen mit Wort- und Sinnbild-Meditationen», GA 267.)

Wichtig ist es, die Meditationsinhalte nicht in abstrakten Gedanken, sondern möglichst bildhaft zu erleben. Auch wenn das bildhafte Erleben vielleicht zunächst nicht leichtfallen wird, muß es doch – ohne es zu forcieren und dadurch in die Gefahr von Verkrampfungen zu fallen – unermüdlich angestrebt werden. Wie die Erfahrung zeigt, stellt sich dadurch im Laufe der Jahre ein immer stärker werdendes Bildhaftwerden der Gedanken ein, bei dem die Farbenzartheit in der Regel aber erhalten bleibt, was Rudolf Steiner einmal – wie Maria Röschl-Lehrs (erste Leiterin der Sektion für das Geistesstreben der Jugend) in ihrem Buch «Vom zweiten Menschen in uns»[7] anführt – als Kennzeichen dafür bezeichnet hat, daß ein richtiges, sachgemäßes leibfreies Erleben beginnt.

Erschaffung eines Innenraumes

Auch muß sich der Schüler bei seinem meditativen Schaffen bewußt sein, daß der Innenraum, in dem sich seine Meditationserlebnisse abspielen, zunächst in der Regel noch nicht in ihm vorhanden ist, sondern daß er ihn im meditativen Leben erst erschaffen muß. Dieser Innenraum bildet sich im Laufe der Jahre immer stärker in ihm aus, bis er so stark angewachsen ist – wie im Aufsatz «Vom Hineinwachsen in die geistige Welt, das leere Bewußtsein»[8] anhand der Ausführungen und einer Zeichnung von Rudolf Steiner beschrieben –, daß sich eine Art mentaler Hohlraum gebildet hat und der Schüler seine darin lebenden Meditationsinhalte nunmehr fallenlassen und dadurch, ihn inspirierend, die wirkliche geistige Welt in ihn eindringen kann (für Einzelheiten des Geschehens sei auf diesen Aufsatz verwiesen).

Lange Zeit wird der Schüler sich darin üben müssen, in einzelnen Meditationsinhalten zu leben. Je weiter seine Erlebnisfähigkeit wächst, wird er aber auch das Bedürfnis haben, meditativ in größeren geistigen Zusammenhängen zu leben. Damit hat er in seiner Entwicklung eine höhere Stufe, die Stufe der Kontemplation, erreicht, von der Rudolf Steiner sagt, daß es diejenige Stufe ist, die zur vollständigen Ausbildung seines im meditativen Schaffen erwachten höheren Ich führe. Mit der Einrichtung der 1. Klasse bei der Neubegründung der Anthroposophischen Gesellschaft im Jahre 1923 hat Rudolf Steiner, in Fortsetzung der bis 1914 bestehenden Esoterischen Schule, den Klassenmitgliedern Meditationsinhalte gegeben, die in tiefste Bereiche unseres Daseins führen und für jedes Mitglied Grundlage sein können nicht nur für das meditative, sondern auch für ein unerschöpfliches kontemplatives Erleben.

Ist der Schüler in seinem Wesenskern – in seinem wahren Ich – erwacht, wie es der Autor in seinem Aufsatz «Geburt des zweiten Menschen in uns»[9] geschildert hat, so erfühlt er sich in einem neuen Selbsterleben. Dieses Selbsterleben kann, wenn es im Bewußtsein anwesend sein soll, nicht in passiver Haltung, wie beim Erleben im niederen Ich, erfahren werden. Der Schüler erlebt sich im höheren Ich nur dann, wenn er es in Aktivität erlebt. Beim Leben im höheren Ich sind seine Bemühungen, die er im meditativen Arbeiten anstellt, um das höhere Ich in sich wachzurufen, in seiner Seele weiterhin als leise Aktivität vorhanden. Das Kraftende, Willenshafte, das ihn beim Erschaffen seines Wesenskerns erfüllt, erfährt der Schüler dabei als Kraft seines wahren Wesens. Rudolf Steiner sagt einmal, daß unser Geistsein in jedem Augenblick ein Schaffen unseres Selbst ist. Steht der Schüler in diesem Selbsterleben, so hat er keine Zweifel mehr daran, daß sein Ewigkeitswesen unabhängig von seinem Körper existiert.

Das Leben mit dem Schulungsweg ist eine Lebensaufgabe, welche den Schüler zu einer Entwicklung führt, die von ihm viel Einsatz und Geduld erfordert. Oft kann er das Gefühl haben, daß sich bei ihm trotz intensiven Arbeitens keine Fortschritte einstellen. Doch der Schein trügt. Auch die kleinsten Bemühungen tragen dazu bei, daß er eines Tages plötzlich das

Auftreten einer neuen Erlebnisweise erfährt. Was man auf dem Schulungsweg erreichen möchte, kann, wie bei allen großen Leistungen, nicht gradlinig erreicht werden, sondern stellt sich erst ein, wenn sich im ausdauernden Üben die notwendigen Kräfte erbildet haben. Und so wie ein Künstler oder Sportler seine Spitzenleistungen nur durch unermüdliches tägliches Üben erreichen und aufrechterhalten kann, ist auch das Höchste, was dem Menschen im Laufe seiner Erdenleben erwächst, nämlich das Finden und Erschaffen von sich selbst, nur durch regelmäßiges meditatives Arbeiten zu gewinnen. – Wer sich dem Schulungsweg nur zuwendet, um, aus verständlichem Verlangen, die Fähigkeit des hellseherischen Erlebens zu erreichen, muß einbeziehen, daß wohl allmählich ein hellseherisches Erleben in ihm erwacht, daß aber das Wesentliche nicht das Erwerben dieser Fähigkeit ist, sondern daß er zu dem Menschen wird, der er nach den Absichten der Schöpfermächte werden soll und der zu einem Helfer der Menschheit werden kann. In der Esoterischen Stunde vom 29. Januar 1907[10] sagt Rudolf Steiner darüber, daß der Schüler «in kürzerer Zeit das erreicht, was einst die ganze Menschheit erreichen wird». Doch müsse er sich fest einprägen, «daß einst große Aufgaben an ihn herantreten werden, daß er einst gebraucht werden soll in der Zukunft bei der Weiterentwicklung der Menschheit. Dieser Gedanke, dieses Ziel muß ganz in ihm leben, sonst ist er nicht im wahren Sinne Esoteriker.»

Die seelisch-geistigen Erlebnisse auf dem Schulungsweg

Beim Arbeiten auf dem anthroposophischen Schulungsweg zur Erlangung der Erkenntnisse der höheren Welten stellen sich mannigfaltige Erlebnisse ein. Unter ihnen sind besonders diejenigen Geschehnisse bedeutend, die dem Geistesschüler – zunächst nur leise auftretend und dann immer stärker werdend – das Werden einer neuen Seelenstruktur offenbaren. Da deren Beachtung und Erkennung für das Schaffen des Geistesschülers von größter Wichtigkeit sind, sei auf sie in diesen Ausführungen näher eingetreten.

*Neue Zeiten –
Markante Seelenerlebnisse auf dem Schulungsweg*

Wer auf dem Geistespfade über das anfängliche meditative Arbeiten hinausgeschritten ist, macht eines Tages – vielleicht erst nach längerem intensiven Arbeiten – die deutliche Erfahrung, daß in seiner Seele ein Wachstum eingetreten ist, wie es sich im Frühling in der Pflanzenwelt vollzieht, wenn sie, von den kosmischen Kräften des Lichts und der Wärme berührt, zum Erwachen kommt. Geschehnisse, die Rudolf Steiner als markante Wachstumsstufen auf dem Schulungsweg beschreibt, fangen von einem bestimmten Moment des innern Arbeitens an, sich konkret auszugestalten; sie werden zu Strukturen seines Wesens und manifestieren sich – wenn vorerst auch erst in Ansätzen – als erste Formen der Wesensgestalt, die er durch sein geistiges Schaffen erarbeiten will und die zur neuen Grundstruktur seiner Seele werden.

Zu diesen Geschehnissen zählt das Erlebnis, das Rudolf Steiner als erstes Anzeichen für ein beginnendes Leibfreiwerden des Geistesschülers beschreibt: daß der Schüler – wenn zunächst auch nur für Augenblicke und dann immer mehr und mehr auftretend – *in seinem Körper-Erleben* sich nicht mehr als eine Einheit mit seinem Körper, sondern als eine Zweiheit erlebt; daß er nunmehr seinen Körper als etwas empfindet, das er an sich trägt oder das «wie an ihm hängt». Dieses wichtige erste übersinnliche Erlebnis beschreibt Rudolf Steiner auch in der Weise, daß er sagt, daß der Schüler seinen Körper in diesen Augenblicken wie ein Stück Holz oder wie ein Fahrzeug oder wie ein Instrument empfindet, das er handhaben kann. – Dieses Erlebnis steigert sich im Laufe der Weiterentwicklung des Schülers. Wenn er beim Hineinwachsen in die geistige Welt das Herantreten an die Todesschwelle erfährt, sagt Rudolf Steiner[11], erlebt er die Distanz zu seinem Körper sogar derart, daß seine Glieder schwer und leblos wie bei einem Leichnam werden. – Dieses Körper-Erleben des Geistesschülers wird mehr und mehr zu seiner grundlegenden Konstitution, auf der sich alle weiteren Gestaltungen seines Wesens aufbauen.

Ein weiteres grundlegendes Erlebnis, das auftritt, besteht darin, daß sich der Geistesschüler nicht nur gegenüber seinem Körper, sondern auch in seinem geistig-seelischen Wesen als Zweiheit fühlt. Er erlebt sich als erwacht in einem neuen Menschen, der als sein Wesenskern aus seinem bisherigen Menschen herausgewachsen ist und der sich diesem wie einem anderen Menschen gegenüberstellen kann. Rudolf Steiner beschreibt dieses Geschehen eingehend in seiner umfassenden Schulungswegschilderung in seiner «Geheimwissenschaft im Umriß», wie sie der Autor in seinem Aufsatz «Vom Hineinwachsen in die geistige Welt»[12] in den Hauptpunkten wiedergegeben hat. Als Markantes treten dabei drei wichtige Seelenerlebnisse auf: Das eine ist, daß sich der Geistesschüler sagen kann: «Wenn ich nunmehr auch alles außer acht lasse, was mir die physische Außenwelt an Eindrücken geben kann, so blicke ich in mein Inneres doch nicht wie auf ein Wesen, dem alle Tätigkeit erlöscht, sondern ich schaue auf ein Wesen, das sich seiner selbst bewußt ist in einer Welt, von der ich nichts weiß, solange ich mich nur von jenen sinnlichen und gewöhnlichen Verstandeseindrücken anregen lasse. Die Seele hat in diesem Augenblick die Empfindung, daß sie in sich selbst ein neues Wesen als ihren Seelen-Wesenskern [...] geboren habe. – Das andere (zweite) Erlebnis besteht darin, daß man sein bisheriges Wesen wie ein zweites neben sich haben kann. Dasjenige, worin man bisher sich eingeschlossen wußte, wird zu etwas, dem man sich in gewisser Beziehung gegenübergestellt findet. Man fühlt sich zeitweilig außerhalb dessen, was man sonst als die eigene Wesenheit, als sein ‹Ich› angesprochen hat. Es ist so, wie wenn man nun in voller Besonnenheit in zwei ‹Ichen› lebte. Das eine ist dasjenige, welches man bisher gekannt hat. Das andere steht wie eine neugeborene Wesenheit über diesem.» «Dieses Erlebnis», betont Rudolf Steiner, «ist von großer Bedeutung. Denn durch dasselbe weiß der Mensch (als drittes), was es heißt, in jener Welt (zu) leben, welche er durch die Schulung zu erreichen strebt.» Und noch eine weitere bedeutende Erfahrung macht der Mensch bei diesem Erleben in zwei Ichen (wie eine gute Kennerin des Schulungsweges dem Autor geschrieben hat), nämlich, daß er nunmehr, durch das lebendige Leben im Kraftenden seines ewigen Wesenskerns, aus unmittelbarer Selbsterfahrung weiß, was Geist ist! Denn dieser Kern ist substantiell Geist, und durch das lebendige Leben in ihm erfährt er eine tiefere Erkenntnis des Geistes, als wenn er sein Ichwesen nur begrifflich als Geist erfassen kann. – Von nun an hat der Schüler die Aufgabe, das Leben in zwei Ichen zu erlernen, denn unverzüglich muß er jederzeit vom Erleben im höheren Ich in das Erleben in seinem niederen Ich hinüberwechseln können. Damit hat er die Stufe erreicht, von der Rudolf Steiner sagt[13], daß er den «menschlichen Wesenskern real in freier Loslösung von der Leibesorganisation erlebt», und daß alles weitere, was durch Übungen erreicht wird, nur ein tieferes Hineingraben in das Transzendente ist. Zur Ermutigung für unser Schaffen sei erwähnt, daß Rudolf Steiner darauf hinweist[14], daß das Wissen vom Vorhandensein dieses Wesenskerns auf dem Schulungsweg verhältnismäßig leicht erlangt werden könne, wenn der Schüler nur genügend Geduld habe.

Der Schüler steht nun am Beginn eines Selbsterlebens, das in der Weiterentwicklung zu dem Erleben führt, das von Johannes Thomasius im neunten Bild des Mysteriendramas «Die Pforte der Einweihung» mit dem Meditationswort «O Mensch, erlebe dich!» in einem wunderbaren Monolog in allen Einzelheiten geschildert wird, indem er unter anderem sagt:

«Ich finde mich gesichert überall,
wohin mir folgt des Wortes Kraft.
Sie wird mir leuchten in der Sinnesdunkelheit,
und mich erhalten in den Geisteshöhen.
Sie wird mich mit dem Seelensein erfüllen
für alle Zeitenfolgen.
Ich fühle Weltensein in mir,
und finden muß ich mich in allen Welten.
Ich schau mein Seelenwesen
durch Eigenkraft belebt in mir.
Ich ruhe in mir selber.
Ich blicke nach den Felsen und den Quellen,
sie sprechen meiner Seele eigne Sprache.»

Zu den neuen Erlebnissen auf dieser Entwicklungsstufe zählt indessen nicht nur das Erleben im höheren Ich, sondern auch die Beobachtung des sich einstellenden Entwicklungsgeschehens. Oft kann der Schüler schon nach einigen Monaten Veränderungen in der Ausgestaltung seines Wesens wahrnehmen. Neue Erlebnisse treten in ihm auf, indem sich das bisher Gewachsene vertieft, oder weil sich ganz Neues in ihm erbildet. Dabei sind ihm zu deren richtiger Erfassung Rudolf Steiners unübertrefflich exakte Schilderungen der Geschehnisse auf dem Schulungsweg eine unentbehrliche Hilfe. Der Schüler fühlt sich in diesem Geschehen in einem Werdeprozeß, von dem er empfindet, daß er durch das Erreichthaben dieser Entwicklungsstufe in aller Zukunft mit ihm verbunden sein wird. – Hierzu sei bemerkt, daß das auf solche Weise Erarbeitete dem Geistesschüler als selbst erschaffener Teil seines Wesens, in aller Zukunftsentwicklung, als unverlierbarer Besitz erhalten bleibt. «Die Seele steigt nie von ihrer einmal errungenen Stufe herunter, aber ihr Instrument [der Leib] ist [im Alter] schwach geworden», sagt Rudolf Steiner.[15] – Der Schüler hat indessen die Aufgabe, weiterhin an der Wandlung seines niederen Ich zu arbeiten, das unentwegt anstrebt, sein Wesen und seine Herrschaft zu bewahren. Mehr und mehr nichts zu tun, was nicht unter der Herrschaft des höheren Ich geschieht, muß zum Ideal des Schülers werden.

Besonders beeindruckend bei den Erlebnissen auf dem Schulungsweg ist das neue Welt-Erleben, das sich im Schüler durch das Leibfreiwerden seines Ätherleibes einstellt. Der Schüler erlebt durch das Im-Ätherleib-leben-Können konkret, wie er darin eine Bewußtseinserweiterung erfährt, indem er sich – gleichzeitig im Körper lebend, unter Aufrechterhaltung aller Sinneserlebnisse – in einer Welt erfühlt, welche als eine neue Welt die ganze Sinneswelt durchdringt und bis zu den Sternen reicht. Nicht in Einzelheiten, sondern in einem lebendigen Willens-Rieseln erfühlt er zunächst diese Welt und fühlt, wie er sich durch seinen erweckten Ätherleib bewußtseinsmäßig als in allen Dingen lebend erleben kann und wie deren Farben und Formen sowie ihre anderen Lebensäußerungen lebendig, in objektiven Gefühlen, zu ihm sprechen. – In seinen Vorträgen vom 19. und 20. August 1923[16] beschreibt Rudolf Steiner eingehend die Erlebnisse, die sich im Geistesschüler beim Eintreten in die Ätherwelt einstellen. Er sagt unter anderem, daß man diese Welt zunächst durch die Verlebendigung des Denkens betritt, indem man vom Zustand des reinen, gehirngebundenen Denkens zu einem innern aktiven Denken übergeht (in den Zustand des «Es denkt in mir»).[17] In diesem innerlich aktiven, leibfrei gewordenen Denken erfühlt man sich wie in einem Kraftträger der eigenen menschlichen Wesenheit und erfährt, wie sich dieses Denken zu einem im ganzen Menschen erlebten Tastorgan entwickelt, mit dem man, wie eine Schnecke mit ihren Fühlern, in der geistigen Welt herumtasten kann. Dazu bemerkt Rudolf Steiner, daß in diesem Geschehen der Ätherleib erlebbar und in höherem Sinne erschaubar wird, und betont, daß dieses der erste wirkliche Schritt in die übersinnliche Welt ist.[18] Im weitern erwähnt er, daß dieses Erleben (was sich beim Leibfreiwerden sofort einstellt) von einem außerordentlich starken Glücksgefühl begleitet wird. Doch bedeutet das Eintreten in die Ätherwelt noch nicht das Betreten der eigentlichen geistigen Welt. Die Ätherwelt als imaginative Welt gibt uns erst ein Bild der geistigen Welt und vermittelt uns noch nicht deren Wirklichkeit. Eine wirkliche Erfahrung der geistigen Welt erleben wir erst im Zustand des leeren Bewußtseins[19], wenn auf den Bahnen des tastenden Denkens – im inspirativen Erleben – die geistige Welt kraftend von außen in uns eindringt.

In diesem inspirativen Geschehen tritt eine neue Welt in unserem Bewußtsein auf. Sie erwacht, indem wir nunmehr nicht mehr im Ätherleib, sondern im Astralleib leben. Rudolf Steiner spricht davon, daß das Auftauchen dieses Erlebens – das Erleben in unserem Astralleib – wie ein Sprung über einen Abgrund empfunden wird (das Springen aus unserem noch räumlich empfundenen Ätherwelt-Erleben in eine neue, im Astralleib erlebte, nicht räumliche Welt). Die innere Entwicklung vollzieht sich also nicht derart, daß sich das beschriebene Erleben in der Ätherwelt immer weiter entfaltet, sondern dadurch, daß aus diesem Äther-Erleben eine neue Welt und ein neues Welt-Erleben auftauchen. Von dieser Welt tragen wir den Astralleib in uns. Und in ihm lebend erfahren wir das Eindringen der wirklichen geistigen Welt in uns. Kennzeichnend für dieses Erleben ist einerseits, daß wir den physischen Leib und teilweise auch den ätherischen Leib als ein Objekt außer uns erleben[20], andererseits, daß das Erkennen der auftretenden Erlebnisse keiner begrifflichen Bestimmung bedarf. «Was man erkennt», erwähnt Rudolf Steiner in seiner «Geheimwissenschaft im Umriß»[21], «ist unmittelbar in einem Akte da: es gibt nicht ein Nachdenken nach der Wahrnehmung.» Die objektive Imagination, die auf solche Weise auftritt (objektiv, weil sie aus der geistigen Welt unmittelbar gestaltet wird), wird also im Gegensatz zur subjektiven Imagination (die aus unseren meditativen Bemühungen entstandenen Bildgestaltungen) unmittelbar verstanden.[22] Linear, eindimensional aufblitzend, dringen inspirierend lebendige Gedanken in uns ein, wobei zweierlei Erlebnisse zu unterscheiden sind, von denen Rudolf Steiner in der Esoterischen Stunde vom 7. Juni 1912[23] sagt, daß entweder etwas ganz Neues auftritt, was wir nie geahnt und gehört haben, oder ein lebendiges Schauen der okkulten Tatsachen, die wir im exoterischen Leben empfangen haben. Alle geisteswissenschaftlichen Erkenntnisse treten wie neu auf, werden scheinend, dringen ins Herz hinein. Man fühlt sie wie eine Sonne, die ausstrahlt. (Für die einläßliche Schilderung der Erlebnisse im leeren Bewußtsein sei auf den Aufsatz «Vom Hineinwachsen in die geistige Welt, das leere Bewußtsein» verwiesen.[24]) – Alsdann tritt noch eine höhere geistige Welt in uns auf, wenn wir, im Wesenskern erwacht, erleben, wie sich im intuitiven Erleben im Ich eine solche Welt manifestiert.

Zum astronomischen und anthroposophischen Bild des Kosmos

Aus dem Gesagten geht hervor, daß wir beim Auftreten der geistigen Welten (ausgenommen bei der Ätherwelt) unsere räumlichen Vorstellungen fallenlassen müssen. Diese Welten ragen wohl in unser Raum-Erleben hinein, durchziehen unsere Welt aber auf unräumliche Weise. Wir berühren damit das schwierige Problem der andersartigen Dimensionen der höheren Welten, die trotz ihrer Andersartigkeit aber wirklicher sind als unsere in ihnen urständende materielle Welt.

Fassen wir die andersartigen Dimensionen der höheren Welten ins Auge, so wird verständlich, warum der Einklang zwischen dem astronomischen Bild des Kosmos und dessen Bild aus anthroposophischer Sicht nicht leicht zu finden ist. Er kann nur unter

Berücksichtigung des Dargelegten erkannt werden, wie es der Autor in einem Aufsatz zu diesem Thema versucht hat zu schildern.[25] Auch Rudolf Steiner hat sich in diesem Sinne geäußert. Im Vortrag vom 26. Oktober 1922[26] sagt er darüber: Wir können uns «durch (die) Entwicklung von inneren Fähigkeiten, die sonst in der Seele latent sind, hinaufarbeiten zu einem Sehen des Geistigen im Seelischen [...], dann sieht (der Mensch) zunächst eine Welt [...], welche umschließt zunächst eine Art von geistigem Kosmos, außer dem Kosmos, den uns unser heutiger Sinnesanblick gibt». «Zu diesem sinnenfälligen, von Naturgesetzen durchsetzten Kosmos kommt ein anderer hinzu, ein geistiger Kosmos. Wenn wir dann verfolgen dasjenige, was wir in dem geistigen Kosmos finden können, finden wir darinnen auch den Menschen. Wir begreifen ein geistiges Universum, ein durchseeltes Universum, und wir begreifen als ein Glied dieses durchgeistigten, durchseelten Universums den Menschen.» «Das Universum, geisteswissenschaftlich angeschaut, ist das Kompliziertеste», bemerkt Rudolf Steiner und sagt dazu, daß wir bei dessen Betrachtung – so wie wir unsere Erkenntniselemente komplizieren, um von der Zelle zum Menschen zu kommen – (umgekehrt) dasjenige vereinfachen müssen, was uns der Kosmos gibt, und dadurch immer mehr und mehr zum Menschen kommen. «Wir gehen (somit) einen entgegengesetzten Weg.» – Dieser Hinweis Rudolf Steiners ist für das Finden des Einklangs zwischen astronomischer und anthroposophischer Sicht des Kosmos von unschätzbarem Wert, auch wenn sich aus astronomischer Sicht noch viele offene Fragen ergeben.

Zuschauer seiner selbst – Schauplatz für Geist-Offenbarungen

Ein anderes beeindruckendes Erlebnis auf dem Schulungsweg, das noch erwähnt sei, ist das Werden des Schülers zum Zuschauer seiner selbst. Der Autor hat in einem Beitrag mit diesem Titel[27] dargestellt, daß der Mensch von den guten Göttern ursprünglich zur Seelenverfassung des Zuschauers seiner selbst bestimmt war, von Luzifer aber dazu verführt worden ist, mit seinem Ich in sein Seelenleben unterzutauchen, so daß er mit seinem Denken, Fühlen und Wollen derart zusammenwuchs, wie er sich heute darin erlebt. Seine Bemühungen auf dem Schulungsweg führen dazu, daß er diesen ihm ursprünglich zugedachten, von Luzifer geraubten Zustand des Zuschauers seiner selbst nunmehr in Freiheit selber erschafft, indem er in seinem zweiten Menschen erwacht und dadurch in der Lage ist, sich seinem selbständig gewordenen Denken, Fühlen und Wollen, ohne in sie untergetaucht zu sein, als Zuschauer gegenüberzustellen.[28] Sein Denken tritt in diesem Zustand des Zuschauers als lebendige, von Gefühl und Wille durchdrungene Gedanken in ihm auf (wie es der Autor in seinem Aufsatz «Hellseherische Bewußtseinszustände»[29] geschildert hat). In einer stummen Sprache spricht aus ihnen das Weltenwort zu ihm. Ebenso spricht die Welt zu ihm in einem tonlosen Tönen in seinem selbständig gewordenen, objektiven Fühlen. Und sein selbständig gewordenes Wollen läßt ihn, wenn er sich mit ihm durch die Umkehrung des Wollens in alle Dinge erstrecken und durch dieses Willenserleben aus dem Umkreis des gewöhnlichen Bewußtseins ein schauendes Bewußtsein herausheben kann, ein außerseelisches Geistiges ergreifen.[30]

In diesem Zustand des Zuschauers seiner selbst, in dem die Seele zum Schauplatz wird, auf dem sich die Welt ausspricht, tritt das Ich des Schülers von den Geschehnissen in seiner Seele zurück, wodurch er sie klarer wahrnehmen kann. Diese Seelenverfassung ist der Beginn einer Entwicklung, welche den Menschen in einem wachsenden Geschehen immer durchsichtiger werden läßt. Alle Regungen und Geschehnisse in der Seele werden ihm im meditativen Schaffen immer stärker bewußt. Rudolf Steiner spricht davon, daß der ganze Mensch durch die Entwicklung seines Willens eine Art Sinnesorgan, das heißt Geistorgan, und innerlich so durchsichtig wird, «wie sonst das menschliche Auge durchsichtig ist»[31]. Durch das Leibfreiwerden seines Ätherleibes und dadurch, daß sich sein Wesenskern in diesem Zustand immer profilierter gestaltet, erbildet sich im Schüler nach und nach eine Seelenverfassung, in der sein lebendig gewordenes

Denken, Fühlen und Wollen sowie alle Meditationsinhalte und übrigen geistigen Erlebnisse mit Leichtigkeit durch seine Seele ziehen und ihre Inhalte in ihm aussprechen. Dadurch kann er sich nicht nur meditativ (lebend in einzelnen Meditationsinhalten), sondern auch kontemplativ (lebend in größeren geistigen Zusammenhängen) in die geistige Welt einleben, wodurch er, wie Rudolf Steiner ausführt[32], in eine Entwicklung eintritt, die zur vollständigen Ausbildung seines höheren Selbst führt. Damit hat er in seiner Entwicklung als Geistesschüler eine wichtige Stufe erreicht.

In einer Esoterischen Stunde[33] erwähnt Rudolf Steiner, daß der Schüler die seelisch-geistige Konstitution, die er auf dem Schulungsweg erschaffen kann, ohne Schulung vielleicht erst im Verlauf von 20 bis 25 Inkarnationen erlangen würde. Angesichts dessen ist es verständlich, daß die Verwirklichung des Geschilderten vom Schüler ein kontinuierliches, ausdauerndes Arbeiten verlangt. Doch soll ein solches Arbeiten nie aus persönlichen Gründen geschehen, sondern stets nur, um ein selbstloser Helfer der Menschheit zu sein.

Die Bedeutung der elementaren meditativen Übungen

Geisterleben in den Sinneswahrnehmungen

In seinem grundlegenden Schulungsbuch «Wie erlangt man Erkenntnisse der höheren Welten?»[34] gibt Rudolf Steiner dem Geistesschüler, der in die geistige Welt hineinwachsen will, zunächst eine Wahrnehmungsübung, die sehr einfach, aber von größter Bedeutung ist. Bis in alle Einzelheiten hinein schildert er, wie sie verwirklicht werden soll und was dabei geschieht. Diese Übung und die Hinweise zu ihrer Durchführung sind daher Vorbild auch für das Arbeiten mit allen geschilderten weiteren Wahrnehmungsübungen. – Rudolf Steiner sagt zur Übung: Der Schüler muß, «wo er Blühen und Gedeihen einer ganz bestimmten Art wahrnimmt, alles aus seiner Seele verbannen und sich kurze Zeit ganz allein diesem *einen* Eindruck überlassen. Er wird sich bald», betont er, «überzeugen, daß ein Gefühl, das in einem solchen Falle durch seine Seele früher nur durchgehuscht ist, anschwillt, daß es eine kräftige und energische Form annimmt. Diese Gefühlsform muß er dann ruhig in sich nachklingen lassen. Es muß dabei ganz still in seinem Innern werden [...] Erst schaue man so lebhaft, so genau als nur irgend möglich ist, die Dinge an. *Dann* erst gebe man sich dem in der Seele auflebenden Gefühle, dem aufsteigenden Gedanken hin. Worauf es ankommt, ist, daß man auf *beides*, im völligen inneren Gleichgewicht, die Aufmerksamkeit richte. Findet man die nötige Ruhe, und gibt man sich dem hin, was in der Seele auflebt, dann wird man, nach entsprechender Zeit, das Folgende erleben. Man wird neue Arten von Gefühlen und Gedanken in seinem Innern aufsteigen sehen, die man vorher nicht gekannt hat [...] Und aus den Gefühlen und Gedanken, die so entstehen, bauen sich die Hellseherorgane auf [...] Wer oft die Aufmerksamkeit auf den Vorgang des Werdens, des Gedeihens, des Blühens gelenkt hat, der wird etwas fühlen, was der Empfindung bei einem Sonnenaufgang *entfernt ähnlich* ist. Und aus dem Vorgang des Welkens, Absterbens wird sich ihm ein Erlebnis ergeben, das in ebensolcher Art mit dem langsamen Aufsteigen des Mondes im Gesichtskreis zu vergleichen ist. Diese beiden Gefühle sind zwei Kräfte, die bei gehöriger Pflege, bei immer lebhafter werdender Ausbildung zu den bedeutsamsten geistigen Wirkungen führen.»

Widmet sich der Schüler dieser Übung oder den im Kapitel Erleuchtung geschilderten weiteren Übungen – der Versenkung in einen Kristall, in eine Pflanze und in ein Tier; oder der Versenkung in ein Samenkorn; oder der vergleichenden Betrachtung von Pflanze, Tier und Mensch –, so erfährt er, daß eine reiche Fülle von neuen Gefühlen und Gedanken in ihm erwacht. Diese Gefühle und Gedanken sind von keinen persönlichen, subjektiven Empfindungen durchzogen; mit mathematischer Exaktheit treten bei einer bestimmten Wahrnehmung immer die gleichen Gefühlserlebnisse auf. Sie künden deshalb objektiv von den Eigenschaften der Dinge, von ihrem eigentlichen Wesen, und werden dadurch zum Organ des hellseherischen Erlebens.

Pflegt der Schüler solche Wahrnehmungsmeditationen, so erfährt seine Seele im Objektivwerden der Gefühle eine Katharsis. Sie wird in ihrem Gefühlsleben nach und nach von den Egokräften, vom Leben in egoistischen Sympathien und Antipathien befreit, und durch diese Reinigung beginnt der Schüler im Bereich des Fühlens auf einer ersten Stufe in seinem Wesenskern zu erwachen. – Widmet sich der Geistesschüler Hunderte und Tausende Male den geschilderten Wahrnehmungsübungen, so erlebt er ferner, wie in ihm in diesem Schaffen eine neue Seelenverfassung ersteht. Es erwacht in ihm die Seelenkonstitution, die Rudolf Steiner als zur Michael-Kultur gehörend und als Bewußtsein der Zukunft bezeichnet[35] und von der er sagt, daß wir in Zukunft im Bewußtsein durch die Welt schreiten werden: «mit jedem Blick, mit jedem Ton, den wir hören, strömt Geistiges, Seelisches wenigstens in uns ein und zu gleicher Zeit strömen wir in die Welt Seelisches hinaus».

Geisterleben in der Meditation

Mit dem regelmäßigen Erleben des Geistigen, das durch die Sinneswahrnehmungen zum Menschen spricht, widmet sich der Schüler der Entwicklung seiner Welt der Gefühle und erlebt dabei ein erstes Darinnenstehen in der geistigen Welt. Doch mit gleicher Regelmäßigkeit muß vom Schüler auch das im Aufsatz «Vom meditativen Leben» geschilderte Leben in der Meditation gepflegt werden, denn er soll nicht nur das Geistige erleben, das durch die Sinne zu ihm spricht, sondern auch dasjenige, das sich ihm in seinem Gedankenleben offenbart. Dieses beginnt, wenn er sich regelmäßig seinen Meditationen hingibt, in geistlebendiger Art zu ihm zu sprechen. Durch das meditative Schaffen erkraftet sich seine Seele; sein Ätherleib fängt an, sich im Gehirnbereich aus seiner starken Verbindung mit dem physischen Gehirn allmählich herauszulösen, wodurch er die Gedanken nicht mehr als Spiegelung im physischen Gehirn, sondern als webend im Äthergehirn erlebt und nunmehr erfährt, wie sie seine Seele – von Gefühl und Willenskraft durchdrungen – auf bisher nicht erfahrene Weise, in lebendiger Wesenhaftigkeit erfüllen. Dieser Zustand kann in der Regel nicht in Kürze erreicht werden; doch bei einem regelmäßigen, unermüdlichen meditativen Arbeiten tritt er im Laufe der Jahre – anfänglich nur leise sich ankündend – in einem wachsenden Geschehen in der Seele immer stärker auf. Wer von diesem Lebendigwerden der Gedanken auch nur in ersten Anfängen berührt worden ist, fühlt, wie ihn die geistige Welt geistlebendig durchdringt, und empfindet, daß er in einem Geschehen steht, das ihn unverlierbar in alle Zukunft hinein erfüllen wird.

In seinem «Lebensgang»[36], bei der Schilderung seiner eigenen hellseherischen Entwicklung, erwähnt Rudolf Steiner, daß er erfahren habe, daß es im geistigen Erleben nicht genüge, die Erlebnisse für das Gedächtnis zu haben. «Man muß den Aneignungsvorgang zu einem fortdauernden machen.» Für die ideell-geistige Erkenntnis «ist es notwendig, daß die Seele in einer fortwährenden Wechselwirkung stehe mit der Welt, in die man sich durch diese Erkenntnis versetzt. *Dies geschieht durch die Meditation.*» Und er bemerkt dazu, daß das Meditieren ihm zu einer seelischen Lebensnotwendigkeit wurde. – Es ist also nicht verwunderlich, daß auch der Geistesschüler, sofern es ihm die Lebensumstände ermöglichen, seine Verbindung mit der geistigen Welt, wenn auch nur für kurze Zeit, möglichst täglich pflegen sollte. Sonst zieht sie sich von ihm zurück, das heißt, das lebendige Erleben der geistigen Welt schwächt sich in ihm ab.

Der umgekehrte Wille – Schauendes Bewußtsein

Aber auch die Entwicklung der dritten hellseherischen Kraft, die im Willen ruht, muß vom Schüler gepflegt werden, und sie ist es, die ihn real in die geistige Welt eintreten läßt. Er muß sich darin üben, wie es Rudolf Steiner in seinem Buch «Vom Menschenrätsel»[37] darstellt, sich durch die Entwicklung des umgekehrten Willens in alle Dinge hineinzuerstrecken und die Dinge – sowie sich selber – bewußtseinsmäßig als lebend in ihnen zu erfühlen. Im gewöhnlichen Leben, sagt Rudolf Steiner hierzu, «fühlt man sich selbst im Mittelpunkt dessen, was man will oder was man wünscht [...] Der Wille strömt von dem Ich aus [...] Es gibt aber auch eine Willensrichtung, die in einem gewissen Sinne dieser (der gewöhnlichen) entgegengesetzt ist.» Diese Willensrichtung äußert sich in allen Impulsen der Selbsterziehung und so weiter und hat ihren Ausgangspunkt nicht in den alltäglichen Willensregungen des Ich, sondern in dem Beweggrund, der uns leitet. Sie kann nun durch Übung gesteigert werden, wenn man zum Beispiel eine Pflanze so anschaut, «daß man nicht nur ihre Form in den Gedanken aufnimmt, sondern gewissermaßen mitfühlt das innere Leben, das sich in dem Stengel nach oben streckt, in den Blättern nach der Breite entfaltet, in der Blüte das Innere dem Äußeren öffnet und so weiter. In solchem Denken schwingt der Wille leise mit; und er ist da *ein in Hingabe entwickelter Wille, der die Seele lenkt; der nicht aus ihr den Ursprung nimmt, sondern auf sie ihre Wirkung richtet.*» Und durch diese Umkehrung des Willens wird *ein außerseelisches Geistiges von der Seele ergriffen.*

Erstarkt der Wille in dieser Richtung, sagt Rudolf Steiner sodann, so *wird durch dieses Willenserleben «aus dem Umkreis des gewöhnlichen Bewußtseins ein anderes herausgehoben*, das sich zu dem gewöhnlichen verhält wie dieses zu dem Weben in den Traumesbildern. Und *ein solches schauendes Bewußtsein ist in der Lage, die geistige Welt erlebend zu erkennen.»*

Durchsichtigwerden des Menschen

Diese Ausbildung des umgekehrten Willens ist von zentraler Bedeutung. Indem der Mensch sich darum bemüht, sich willentlich in alle Dinge hineinzuerstrecken – mit den Dingen, von ihren Regungen ausgehend willentlich mitzuleben –, beginnt sich der Wille von der Leibgebundenheit loszulösen und kann, wie es Rudolf Steiner in seinem Vortrag vom 5. Juni 1922[38] schildert, «so weit entwickelt werden, daß der ganze Mensch eine Art Sinnesorgan, das heißt Geistorgan, das heißt geistig-seelisch innerlich so durchsichtig wird, wie sonst das menschliche Auge durchsichtig ist [...] Unser ganzes Wesen muß geistig-seelisch durchsichtig werden», fügt er hinzu. «Dann stellen wir uns mit dem, was in unserem Willen lebt (mit unserem leibfreien Willenserleben), in die geistig-seelische Welt schon in unserem Erdendasein hinein.» – Wiederum ist auch dieses Durchsichtigwerden ein allmählich eintretendes, fortschreitendes Geschehen. Anfänglich erlebt man, wie alle Vorgänge in der Seele, aber auch organische Vorgänge im Körper, bewußter werden, und wie dieses Bewußtwerden im Üben immer intensiver auftritt und auf diese Weise eine Art innerer Wahrnehmungsfähigkeit erwacht, von der Rudolf Steiner sagt, daß zuletzt der ganze Mensch innerlich so durchsichtig werden kann wie das menschliche Auge. Gleichzeitig erwacht, als beeindruckendes Geschehen, das Durchsichtigwerden des Miterlebens mit allen Wesen, in die man sich versenkt, und man erfährt in diesem Erleben das lebendige Hineingestelltsein in das Schaffen und Wirken der geistigen Welt.

Hat der Geistesschüler seine Kräfte des Wollens, Denkens und Fühlens bis zu einem gewissen Grade im geschilderten Sinne gewandelt, so beginnen sie in seiner zum Schauplatz gewordenen Seele ihre Wahrnehmungen auszusprechen. Sie künden ihm von der geistigen Welt, die unser ganzes Dasein durchdringt und die aus allen Sinneserscheinungen zu uns spricht. Und er erfährt, wie im Aufsatz «Die seelisch-geistigen Erlebnisse auf dem Schulungsweg» geschildert, wie in seinem Schaffen aus seinem alltäglichen Ich ein neues, ein höheres Ich zum Erwachen gekommen ist – sein wahres, durch die Inkarnationen schreitendes Ewigkeitswesen, worin lebend er die Offenbarungen der geistigen Welt in seiner Seele erlebt.

Zur Meditation
«Es denkt – Sie fühlt – Er will»

In seinen Bemühungen, Geistesschüler zum konkreten Erleben der hinter ihrem Denken, Fühlen und Wollen webenden geistigen Welten zu führen, hat Rudolf Steiner den Mitgliedern der von 1904 bis 1914 bestehenden Esoterischen Schule Mantras gegeben, die sie bei regelmäßigem meditativem Schaffen unmittelbar in diese Welten hineinführen können.[39]

Zunächst wird der Schüler zur Erweckung seines wahren Wesens aufgefordert. Es geschieht durch die Anweisung:

«Konzentration auf den Punkt zwischen und etwas hinter den Augenbrauen und dabei Meditation von
Ich bin.»

Alsdann wird er zur Erschließung der Welt, die hinter seinem Denken webt, angehalten, durch die *«Konzentration auf das Innere des Kehlkopfes und dabei Meditation:*
Es denkt.»

Sodann soll er sich der Erschließung der Welt hinter seinem Fühlen widmen durch die *«Konzentration auf die beiden Arme und Hände und dabei Meditation:*
Sie fühlt.

Dabei können die Hände gefaltet sein, oder die rechte Hand wird über die linke gelegt. Nach einiger Zeit fühlt man, wie die Hände durch ihre eigene Kraft auseinandergehen wollen. Doch darf man dies auf keinen Fall durch eine Selbsttäuschung herbeiführen.»

Alsdann soll er hineinwachsen in die Welt, die hinter seinem Willen lebt, durch die *«Konzentration auf die ganze Körperoberfläche und dabei Meditation:*

Er will.

Dann folgt Konzentration auf die Magengrube und dabei Meditation:

Göttliches Leben.

Nach alledem [das fünf Minuten lang gedauert hat] folgt: fünf Minuten lang eine andächtige Vertiefung in das eigene göttliche Ideal.»

Das Eingangstor zum Erleben der geistigen Welt

Das unpersönliche «ES denkt, SIE fühlt, ER will» in diesen Mantras will den Schüler auf das im Hintergrund seines Denkens, Fühlens und Wollens wirkende Geschehen hinweisen, an dem er nicht in ichhafter Weise beteiligt ist. Er soll im Meditieren des Mantras «ES denkt» auf das in seinen Gedanken wirkende Weltendenken, im «SIE fühlt» auf das Wirken der Weltenseele – des objektiven kosmischen Fühlens in seinem Fühlen – und im «ER will» auf das Schaffen der kosmischen Willenskräfte, des Weltengeistes in seinem Willen aufmerksam werden und im Erleben dieser Kräfte das Verbundensein seines Seelenlebens mit dem Makrokosmos erfahren.

Diese Geschehnisse sind das Eingangstor zum Erleben der geistigen Welt. In ihrem Weben und Wirken in seiner Seele kann er aus eigener Anschauung die erste Erfahrung gewinnen, wie sich die geistige Welt verschiedenartig in ihm manifestiert. Anders ist ihr Erscheinungsbild in seinem Denken, wieder anders in seinem Fühlen und nochmals anders in seinem Wollen. Er lernt Vorgänge kennen, die ihm eine bloße Schilderung nur annähernd vermitteln kann, da unserer Sprache die Worte zur Beschreibung der vielfältigen Geschehnisse fehlen.

Dadurch, daß er die Meditationsworte nicht nur meditativ erlebt, sondern bezogen auf bestimmte Körperstellen meditiert, erfährt er, daß die Worte in ihm nicht nur lebendig erstehen, sondern auch etwas in seiner Seele erschaffen. Im Erleben des «ES denkt» empfindet er ein Kräfteweben im Bereich des Kehlkopfes; es bildet sich dort das Organ, das die Geisteswissenschaft als die sechzehnblättrige Lotusblume bezeichnet. Im Erleben des «SIE fühlt» mit der Konzentration auf die beiden Arme und Hände ist er in einem meditativen Tun, das auf die Bildung der zwölfblättrigen Lotusblume in der Herzgegend wirkt. (Rudolf Steiner gibt andernorts auch an, daß man sich bei dem Mantra «SIE fühlt» auf das Herz konzentrieren soll.[40]) Die Konzentration sowohl auf Arme und Hände als auch auf das Herz bewirkt, daß in dieser Meditation durch das Erbilden der zwölfblättrigen Lotusblume ein großer Bereich seines seelisch-geistigen Körpers zu erwachen beginnt und er davon ein Bewußtsein erhält. Ebenso erwacht in ihm bei der Meditation der Worte «ER will» und durch die Konzentration auf die ganze Körperoberfläche ein Bereich, der noch ausgedehnter ist. Stufenweise tritt auf solche Weise in seinem Seelisch-Geistigen ein Wachstum ein.

Durch die knappe Formulierung «Es denkt, Sie fühlt, Er will», verbunden mit dem Sich-Konzentrieren auf die erwähnten Körperstellen – in welcher Gestalt in den Esoterischen Stunden diese Meditationen vor allem gepflegt worden sind – wird, wie die Erfahrung zeigt, eine starke Steigerung der Aufmerksamkeit des Schülers auf die an diesen Orten wirkenden Kräfte und ein Sich-Bewußtwerden des dortigen Geschehens wachgerufen. Im weiteren werden, wie Rudolf Steiner in einem Brief an Mathilde Scholl[41] ausführt, durch diese Meditationen Zentren unseres Denkens, Fühlens und Wollens gelockert und wird die Entwicklung unseres höheren Bewußtseins bewirkt.

Werden die Worte dieser Meditationen weiterentwickelt zum Erleben des Zustandes des «Es denkt *in mir,* Sie fühlt *in mir,* Er will *in mir*», auf welche Zustände Rudolf Steiner im Aufsatz «Die Erkenntnis vom Zustand zwischen dem Tode und einer neuen Geburt»[42] und in den Esoterischen Stunden vom 20. September und 22. September 1912[43] hinweist, so erweitert sich das meditative Erleben. Er erlebt seine Seele alsdann als Schauplatz, auf dem sich durch das lebendig gewordene Denken, Fühlen und Wollen die Welt ausspricht und erfährt sich als Zuschauer des Geschehens.

Eine Meditation, die alle anderen Meditationen ersetzen kann

In der Esoterischen Stunde vom 8. November 1912 hat Rudolf Steiner, um die Schüler noch tiefer in die geistige Welt hineinzuführen, den Wortlaut dieser Meditationen erheblich vertieft. Läßt der Schüler den neuen Wortlaut in sich leben, so erfährt er eine bedeutende Steigerung im Erleben des Wirkens der geistigen Welt.[44] Rudolf Steiner weist einleitend auf die jedem Geistesschüler bekannte Situation hin, daß er nach langem Üben das Gefühl haben kann, «daß [er] nicht weitergekommen sei im Erleben der geistigen Welt». Das könne aber, sagt Rudolf Steiner, auf einem Irrtum beruhen. Es könne, auch wenn er während und nach der Meditation nichts bemerkt habe und er nachher wieder seiner gewohnten Beschäftigung nachgehe und nicht ganz in der äußeren Arbeit aufgehe, geschehen, «daß [er] plötzlich das Gefühl hat: nun denkt etwas in mir». Wer ein solches Erlebnis gehabt hat, kann in besonderen Augenblicken durchdrungen sein von dem Bewußtsein: «Es denkt – nicht ich bin es, der denkt – sondern es denkt, und zwar ‹es denkt mich›.» Das ist esoterisch dasselbe, was exoterisch ausgedrückt wurde in den Worten: «In deinem Denken leben Weltgedanken.» – Das Geschehen des «Es denkt in mir», in vertiefter Weise als das Wirken des «Es denkt mich» erlebt, eröffnet dem Meditierenden beim Arbeiten mit dieser Meditation neue, bisher nicht wahrgenommene Erlebniswelten, worüber Rudolf Steiner sagt:

1. «Mit diesem Gedanken des ‹Es denkt mich› kann man sich jeden Augenblick durchdringen, sei es auch nur für Sekunden, wenn man frei ist im [täglichen] Leben.»
2. Man erkennt mit diesem Gedanken, «daß die Weltgedanken dasjenige durch ihr Denken geschaffen haben, was mir sonst als ‹Ich› erscheint».
3. Ich erkenne, «daß auch mein Ichgefühl ein Gedanke ist, der mich denkt».

«Aber niemals», betont Rudolf Steiner, «soll dieser Gedanke auftreten, ohne von einer bestimmten Empfindung begleitet zu sein»: von der Empfindung der *Frömmigkeit.* «Nur wenn wir dieses Gefühl mit [dem] Gedanken [‹Es denkt mich›] verbinden, denken wir den Gedanken in der richtigen Art. Der Esoteriker soll es als seine größte Sünde ansehen, wenn er den Gedanken haben kann: ‹Es denkt mich› ohne das Gefühl der Frömmigkeit.»

«Dann kann noch ein anderes Bewußtsein dem Esoteriker aufgehen», fährt Rudolf Steiner fort, «das zusammenhängt mit dem Worte: ‹In deinem Willen wirken Weltenwesen›. Das kann sich wandeln zu dem Gedanken: ‹Es wirkt mich›. Wie alle Kräfte zusammenströmen, um den Menschen zu wirken – wie aus Vergangenheit und Zukunft der Mensch zusammengesetzt ist –, das alles liegt in dem [Worte]: ‹Es wirkt mich›. Aber auch hier darf der Gedanke niemals gedacht werden, ohne von einem bestimmten Gefühl begleitet zu sein, dem Gefühl der *Ehrfurcht* vor den Wesen, die den Menschen bewirken.»

«Mächtige Mantras sind das ‹Es denkt mich› und ‹Es wirkt mich›», betont Rudolf Steiner und fügt hinzu: «Diejenigen, die auf dem esoterischen Wege am weitesten fortgeschritten sind, waren diejenigen, die am meisten, die unaufhörlich, in jedem Augenblick ihres Lebens, sich durchdringen konnten von dem ‹Es denkt mich›, ‹Es wirkt mich› – und beides immer von den entsprechenden Gefühlen begleitet sein ließen.»

«Noch eine Empfindung kann demjenigen kommen, der sich so entwickelt», führt Rudolf Steiner sodann aus, «eine Empfindung, die zusammenhängt mit [der Vertiefung der dritten Meditation ‹Sie fühlt in mir›]. Das ist die Empfindung ‹Es webt mich›; und zwar fühlt man dabei, daß so, wie die Weltgedanken den Gedanken unseres Ich denken, so diese Weltenkräfte unser höheres Ich weben. Daher ist die Empfindung, die immer damit verbunden sein soll, diejenige der *Dankbarkeit.*»

Rudolf Steiner sagt sodann von der Meditation «Es denkt mich», «Es webt mich», «Es wirkt mich»: «Es ist möglich, daß die Meditation dieser Worte, verbunden mit den Gefühlen von Frömmigkeit, Dankbarkeit und Ehrfurcht, alle Meditationen überhaupt ersetzt und allein schon in die geistige Welt hineinführt.» – Diese Meditation darf deshalb zu Recht als eine zentrale Meditation bezeichnet werden.

Erleben des Wirkens der Schöpfermächte in uns

Bewegen wir in unserer Seele als Geistesschüler während längerer Zeit die Meditation «Es denkt in mir», so erleben wir, wie oben erwähnt, daß unsere Seele zum Schauplatz geworden ist, und im weiteren, daß auf ihm die Gedanken nicht mehr als tote abstrakte Gedanken leben, sondern als solche, die erfüllt sind mit einem lebendigen, von Gefühl durchdrungenen willenshaften Weben. In diesem Weben gehen sie gegenseitige Verbindungen ein oder schließen sich gegenseitig aus. Nicht nur eine logische, abstrakte Beziehung zeigt sich in diesem Geschehen, sondern es offenbart sich darin das Kraftelement, das der kosmische Gedanke hat, der in der Welt als schöpferischer, Wirklichkeit schaffender, göttlicher Gedanke wirkt. – Vertiefen wir nun unsere Meditation, indem wir anstelle des Gedankens «Es denkt in mir» den Gedanken «Es denkt mich» in uns bewegen, so haben wir das deutliche Erlebnis, daß das kosmische Denken, das wir bei der ersten Meditation als objektiv anwesend in unserer Seele empfanden, uns wesentlich näher gekommen ist. Wir fühlen es nicht mehr nur als sich abspielend auf dem Schauplatz unserer Seele, sondern fühlen, wie dieses Denken an uns wirkt, uns erschaffend in unserem Menschsein, sowohl in unserer niederen als auch in unserer höheren Natur. Umwebt vom Weltgedanken-Wirken des Kosmos, erleben wir uns als erhalten und getragen vom kosmischen Schöpferwirken, und es erwacht in uns das Gefühl der Frömmigkeit gegenüber den Schöpfermächten – das Gefühl, von dem Rudolf Steiner sagt, daß wir ohne dieses Gefühl die Worte «Es denkt mich» nicht meditieren dürfen.

Noch machtvoller werden wir in das Erleben des Wirkens des Kosmos geführt, wenn wir die Meditation «Er will in mir» vertiefen zum Erleben der Worte «Es wirkt mich». In allem Kraften in unserem Körper empfinden wir dann, einstrahlend von allen Seiten, das Kräftewirken der kosmischen Schöpfermächte. Wir fühlen uns in dieses Kräfteweben unmittelbar eingebettet und getragen von hohen Weltenschöpferkräften. Leuchten in uns in diesem meditativen Erleben unsere anthroposophischen Erkenntnisse auf, von der Erschaffung unseres Wesens vom alten Saturnzustand her bis in die Gegenwart sowie der Blick in unser zukünftiges Werden, so erwachen in uns Empfindungserlebnisse von unfaßbarer Tiefe, und in Ehrfurcht und Andacht fühlen wir das Schaffen geistiger Mächte an uns.

Erleben wir sodann die geistige Welt, die hinter unserem Fühlen webt, indem wir die Meditation «Sie fühlt in mir» vertiefen zum Erleben des «Es webt mich», so empfinden wir in allem Werden unseres Wesens – in unserem Reifen durch unsere Schicksalserlebnisse und durch unser meditatives Schaffen, in den Wandlungsprozessen, die wir beim Erwachen neuer Seelenkräfte in unserem Streben nach dem Hineinwachsen in unser höheres Ich erleben –, daß uns Weltenmächte leiten, und erfühlen uns dabei für ihr begnadendes Wirken erfüllt von tiefster Dankbarkeit.

In diesem Geschehen fühlt sich der Geistesschüler als erwachend in seinem wahren Wesen, in seinem Ewigkeitswesen, worüber Rudolf Steiner sagt[45], daß das Wissen vom Vorhandensein dieses Wesens auf den im Buche «Wie erlangt man Erkenntnisse der höheren Welten?» geschilderten Wegen mit genügend Geduld verhältnismäßig leicht erlangt werden könne. – Es können in ihm aber auch die weiteren Erlebnisse erwachen, von denen Rudolf Steiner spricht. Er kann eine bedeutende Vertiefung des Rosenkreuzerspruches «Ex Deo nascimur – In Christo morimur – Per Spiritum sanctum reviviscimus» erleben – das Geborenwerden aus dem Vatergott, die Bedeutung des Aufwachens an der Christus-Substanz im Erleben nach dem Tode sowie das Erleben des Heiligen Geistes im Zustand des «Es denkt mich». – Und er kann sich dessen bewußt werden, was Rudolf Steiner in der Esoterischen Stunde vom 16. Dezember 1912[46] ausspricht:

«Es denkt mich» – das ist der Engel in mir.
«Es webt mich» – die Geister der Bewegung schaffen an uns.
«Es wirkt mich» – die Geister des Willens senken ihre Kräfte hernieder.

Zur Bildung der Lotusblumen

Sowohl in traditionellen Beschreibungen als auch in den Schilderungen des anthroposophischen Schulungsweges werden die Organe, die sich durch die meditativen Übungen des Geistesschülers in seinem Astralleib zum Wahrnehmen der höheren Welten erbilden, Lotusblumen genannt. Will sich der Leser diese Organe anhand dieser Bezeichnung näher vorstellen, so erwachsen ihm jedoch erhebliche Schwierigkeiten. Sowohl der bildhafte Ausdruck «Blume» als auch die Darstellungen dieser Organe in symbolischen Bildern, wie sie östlichen und westlichen esoterischen Schilderungen zur Entwicklung der Lotusblumen entnommen werden können (Kreise, worin zehn, zwölf, sechzehn und so weiter Blätter hineingezeichnet sind), sagen ihm nur, daß und an welchen Körperstellen solche Organe existieren; ihre wahre Gestalt lassen sie ihn jedoch kaum erkennen.

Eine genaue Beschreibung ihrer Gestalt finden wir indessen in der Schulungswegschilderung Rudolf Steiners in seiner «Geheimwissenschaft im Umriß»[47]. Er erwähnt dort, daß diese Organe keine sinnenfälligen Gebilde sind, sondern in einer bestimmten geformten Seelenbetätigung und nur insofern und so lange bestehen, als diese Seelenbetätigung ausgeübt wird. – Es entstehen, nach diesen Worten, durch unser meditatives Schaffen also Seelenformen oder Seelenströmungen in uns, und zwar an bestimmten Orten, wo die Seele zum Bilden dieser geistigen Wahrnehmungsorgane veranlagt ist. Über die Veranlagung selber sagt der Geistesforscher[48], daß die Lotusblumen-Stellen auch beim unentwickelten Menschen beobachtet werden können. Nur sind sie bei ihm «von dunklen Farben und ruhig, unbewegt»; sie sind also noch zu keiner Seelenbetätigung fähig.

Die Seelenströmungen werden wegen ihrer Form, und weil sie Bestandteil eines sich bildenden Organs sind, als «Blätter» bezeichnet. Zwei solcher Strömungen erbilden sich in der Stirngegend und werden dort zum Organ der zweiblättrigen Lotusblume. Sechzehn Strömungen erschaffen sich in der Nähe des Kehlkopfes und sind, zusammen mit der zweiblättrigen Lotusblume, Grundlage des Erlebens des kosmischen Denkens, des Zustands des «Es denkt in mir», wie es der Autor dieses Artikels in verschiedenen Aufsätzen[49] geschildert hat. Zwölf Strömungen erbilden sich in der Herzgegend als Grundlage zum Erleben des kosmischen Fühlens, des Zustands des «Sie fühlt in mir» (die Weltenseele), und weitere Strömungen erbilden sich in der Magengegend als zehnblättrige Lotusblume sowie im Unterleib als achtblättrige, sechsblättrige und vierblättrige Lotusblume. Hinsichtlich der sechzehnblättrigen Lotusblume bemerkt Rudolf

Steiner[50], daß acht ihrer Blätter «auf einer früheren Entwicklungsstufe des Menschen in urferner Vergangenheit bereits ausgebildet gewesen [sind]. Zu *dieser* Ausbildung hat der Mensch selbst nichts beigetragen. Er hat sie als eine Naturgabe erhalten, als er noch in einem Zustande traumhaften, dumpfen Bewußtseins war. Auf der damaligen Stufe der Menschheitsentwicklung waren sie auch in Tätigkeit. Jedoch vertrug sich diese Art von Tätigkeit eben nur mit jenem dumpfen Bewußtseinszustande. Als dann das Bewußtsein sich aufhellte, verfinsterten sich die Blätter und stellten ihre Tätigkeit ein. Die anderen acht kann der Mensch selbst durch bewußte Übungen ausbilden.» Tut er es, so erscheinen die acht früher ausgebildeten von selbst. Der Vollständigkeit halber sei erwähnt, daß das Erleben des «Es denkt in mir» im Verlauf der inneren Entwicklung nicht auf die zwei- und sechzehnblättrige Lotusblume beschränkt bleibt, sondern als Herzdenken auch in der zwölfblättrigen Lotusblume erwacht (für Näheres sei auf die Schilderung Rudolf Steiners im Buche «Wie erlangt man Erkenntnisse der höheren Welten?»[51] verwiesen).

Neben diesen wertvollen Beschreibungen zum Verständnis der Lotusblumen hat uns Rudolf Steiner auch eine der Wirklichkeit entsprechende Bild-Darstellung der Lotusblumen im großen roten Fenster am Westeingang des Goetheanum gegeben. Zweimal acht Strömungen, die von zwei Seiten her lebendig ineinandergreifend die sechzehnblättrige Lotusblume bilden, sehen wir dort in der Kehlkopfgegend des Geistesmenschen abgebildet. Ebenso sind zwei Strömungen auf der Stirne des Geistesmenschen als zweiblättrige Lotusblume dargestellt. Erschafft sich der Geistesschüler durch sein meditatives Schaffen diese Organe, so erwächst ihm aus ihnen die Kraft, um sich mit Michael in seinem Kampf gegen den Drachen – welches Geschehen unter der sechzehnblättrigen Lotusblume dargestellt ist – helfend zu verbinden. Es ermöglicht ihm diese Kraft, seine niedere Natur zu wandeln und in seinem höheren Wesen zu erwachen, worauf Geisteswesen in der Lage sind, ihn in seinem geistigen Suchen (wie auf den beiden Seiten des Fensters bildlich geschildert) über den Abgrund, der ihn von der geistigen Welt trennt, in Geisteshöhen zu tragen.

Rudolf Steiner hat indessen nicht nur die Seelenströmungen, welche die Lotusblumen gestalten, beschrieben und bildhaft dargestellt, sondern auch geschildert, aus welchen einzelnen Geschehnissen im meditativen Leben des Geistesschülers sich die Lotusblumen konkret erschaffen. Diese Schilderung gab er in der Esoterischen Schule, die innerhalb der Theosophischen (danach: Anthroposophischen) Gesellschaft von 1904 bis 1914 bestand, wo er in der Esoterischen Stunde vom 26. Januar 1912[52] darüber sagt, daß durch die meditativen Übungen *Kraftzentren innerhalb des Astralkörpers gebildet werden*, die *bis zum Umfang unserer Aura* wirken und dort, *an der Peri-*

Rotes Fenster im Westen des Goetheanum,
Radierung von Assja Turgenieff

pherie der Aura, sich mit den Kräften treffen, die von außen, *aus der geistigen Welt* in uns einströmen. Und *dadurch werden* die Organe des Astralleibs, *die Lotusblumen, gebildet.*

Diese kurze Schilderung der Geschehnisse bei der Lotusblumenbildung ist für den Geistesschüler von unschätzbarem Wert. Sie gibt ihm nicht nur Erkenntnisse, sondern ermöglicht ihm vor allem, die Vorgänge, die sich beim meditativen Arbeiten einstellen, genau zu beobachten und sich ihrer Bedeutung in allen Einzelheiten bewußt zu werden und sie sachgemäß in sein meditatives Schaffen einzubeziehen.

Rudolf Steiner hat für die Gestaltung des Mittelteils des dreiteiligen roten Fensters, als Entwurf, eine Tuschzeichnung angefertigt, die im Jahre 1983 von Hilde Raske in ihrem Buch «Das Farbenwort» veröffentlicht worden ist. Sie sei hier abgebildet, weil sie die Seelenströmungen unmittelbar wiedergibt, die sich beim Aktivwerden der Lotusblumen im Kopfbereich des Schülers einstellen. Diese Zeichnung offenbart eine Fülle von aufschlußreichen Einzelheiten, die in die künstlerische Gestaltung des Glasfensters nicht aufgenommen worden sind, die aber tiefe Einblicke in das Strömungsgeschehen geben, das der Geistesschüler beim Erwachen der Lotusblumentätigkeit im Kopfbereich erlebt. Auffallend ist, ohne die Zeichnung in den Einzelheiten besprechen zu wollen, daß zum Beispiel die zwei Blätter der zweiblättrigen Lotusblume, die über der Nasenwurzel ihren Mittel-

Tuschzeichnung von Rudolf Steiner zum roten Fenster
(Weiß auf Blau)

punkt hat, nicht nur zwei Strömungen sind, sondern daß jedes der zwei Blätter aus drei Strömungen besteht und sich im weiteren auch an anderen Stellen des Gesichtes kleine Strömungen bilden. Ebenso weist die sechzehnblättrige Lotusblume in der Kehlkopfgegend ein vielfältiges, lebendiges Strömungsgeschehen auf. – Der in dieses Bild sich versenkende Geistesschüler dürfte aus ihm, zur Verifizierung der Beobachtungen in seiner eigenen Entwicklung, wertvolle Anhaltspunkte gewinnen.

Im Geschehen der Bildung der Lotusblumen vollzieht sich aber noch eine weitere Entwicklung. Durch das Erarbeiten der Lotusblumen tritt im Astralleib des Schülers eine Katharsis ein. Es wird der Astralleib so weit gereinigt, daß er fähig ist, in den Ätherleib hineinzuwirken und dessen Konfiguration zu verändern. Es vollzieht sich also das Geschehen, über das in den Schilderungen des anthroposophischen Schulungsweges gesagt wird, daß die im Astralleib des Schülers erarbeitete Gestaltung nach der Erreichung einer gewissen Stufe sich in seinem Ätherleib abdrückt und sich dadurch im Ätherleib eine Entwicklung vollzieht, durch die er sich zu dem im Buche «Wie erlangt man Erkenntnisse der höheren Welten?» geschilderten *Ätherorgan* erbildet. Und mit der Bildung dieses Organs, sagt Rudolf Steiner, *«betritt der Mensch die geistige Welt»*[53].

Berücksichtigen wir in unserem meditativen Arbeiten, nachdem wir über eine anfängliche Stufe des meditativen Schaffens hinausgewachsen sind, die erwähnten Hinweise Rudolf Steiners zur Erbildung der Lotusblumen, so können wir bei aufmerksamer Betrachtung bald beobachten, daß sich in unserer Seele durch unser unermüdliches Üben – indem wir uns zum Beispiel immer und immer wieder in ein Samenkorn oder in einen Kristall versenken – eine bisher nicht gekannte Kraft erbildet hat und daß diese Kraft zum Meditationsgegenstand strebt und sich in uns mit den vom Meditationsgegenstand ausgehenden Kräften (die wir als objektive Gefühle erleben) zu einem Gesamtgeschehen webt. Das beispielsweise vom Kristall ausgehende objektive Gefühl – von dem Rudolf Steiner im Buch «Wie erlangt man Erkenntnisse der höheren Welten?» sagt, daß es gleich ist dem Erlebnis, das wir an der Farbe «Blau» oder «Blaurot» haben – sowie das sich am Kristall entzündende linienhafte Gestaltempfinden verbinden sich mit den von uns ausströmenden, durch unsere meditativen Versenkungen gebildeten Kräften. Und dieses zusammenströmende, kraftende Geschehen ist es, das die von Rudolf Steiner geschilderten, zu unseren Lotusblumen werdenden Seelenformen in uns erbildet. Damit sich diese Formen erschaffen, ist allerdings ein regelmäßiges, ausdauerndes meditatives Leben erforderlich. In der erwähnten «Esoterischen Schule» sagt Rudolf Steiner verschiedentlich, daß sich die Lotusblumenbildung nur durch das ständige Wiederholen einer Übung vollzieht (zu tausend Malen müsse sie wiederholt werden, erwähnt er, was nicht verwunderlich ist, wenn man bedenkt, daß auch alle Spitzenleistungen in Kunst und Sport oder auf anderweitigen Gebieten nur durch tausendfältiges ununterbrochenes Üben erbracht werden können).

Haben sich die Lotusblumen bis zu einem gewissen Grad ausgestaltet, so weitet sich der Erlebniskreis. Der Schüler kann die geistige Welt durch die erwähnte Bildung des Ätherorgans in seinem Ätherleib nunmehr auf einer ersten Stufe betreten. Dank seiner erwachten Lotusblumen ist er fähig, die Strömungen seines zum Ätherorgan gewordenen Teils seines Ätherleibes zu handhaben und sich mit ihnen in die geistige Welt hineinzuleben, und es treten die Erlebnisse auf, wie sie der Autor in seinen Aufsätzen «Hellseherische Bewußtseinszustände», «Vom Hineinwachsen in die geistige Welt» und so weiter geschildert hat; für Einzelheiten bei diesem Erleben muß, da deren Darstellung den Rahmen dieses Kapitels sprengen würde, auf das in jenen Beiträgen Gesagte verwiesen werden.[54]

Zuschauer seiner selbst

«Zum Zuschauer seiner selbst war der Mensch bestimmt, nicht zum In-sich-Erleben», sagt Rudolf Steiner im Vortrag vom 29. Dezember 1911[55] und schildert, wie der Mensch zu seiner heutigen Seelenverfassung des In-sich-Erlebens dadurch kam, daß Luzifer an sein Ich herangetreten ist und ihn zum In-sich-Erleben versucht hat mit dem Argument: «Sieh einmal, Mensch, das ist langweilig, da immer nur mit diesem einzigen Mittelpunkt ‹Ich-bin› herumzuwandeln und alles übrige nur anzuschauen; viel kurzweiliger ist es, du tauchst unter in deinen Astralleib, und du bleibst nicht einseitig stehen mit deinem Ich und schaust nur immer auf deinen Doppelgänger, sondern tauchst unter in ihn. Und was über dich kommen würde, indem du untertauchst in deinen Astralleib – was wie ein Ertrinken sich ausnehmen würde –, das ersetze ich dir, indem ich dir von meiner Kraft etwas gebe.» – «Da tauchte das Ich des Menschen unter in den Astralleib. Und damit es nicht ertränke, bekam es eingeimpft die luziferische Kraft, das ist der Überschuß des Ich über den Astralleib, das ist die größere Ichlichkeit, die eigentlich eine Luziferizität ist.»

Diese dem Menschen von den göttlichen Schöpfungsmächten ursprünglich zugedachte Zuschauerhaltung, die ihm von Luzifer geraubt wurde, ist diejenige Seelenverfassung, die sich der Geistesschüler beim Beschreiten des Schulungsweges zur Erlangung der Erkenntnisse der höheren Welten zu erarbeiten hat. Er findet sie nicht als eine nur wachzurufende Konstitution in sich vor, sondern als eine zu entfaltende Veranlagung, deren Entfaltung voll in seiner Freiheit steht. Sie zu entwickeln, sei es durch das Arbeiten auf dem Schulungsweg, sei es durch seine Bemühungen, sich im Lebensgeschehen in seinem eigentlichen Wesen zu finden, ist jedoch unerläßliche Voraussetzung für das Hineinwachsen in die geistige Welt.

Wer sich längere Zeit regelmäßig dem meditativen Arbeiten widmet, macht eines Tages die Erfahrung, daß er sich zeitweise mit seinem Körper nicht mehr unmittelbar, in gewohnter Weise, verbunden fühlt, sondern das Empfinden hat, zu ihm in einem gelockerten, losen Verhältnis zu stehen. Rudolf Steiner sagt darüber in seinem Buche «Wie erlangt man Erkenntnisse der höheren Welten?», daß der Geistesschüler durch sein meditatives Arbeiten gegenüber seinem physischen Körper und dem, was er vorher sein Ich genannt hat, beim Voranschreiten in seiner Entwicklung immer mehr die Empfindung erhalte, wie er sie gegenüber einem Werkzeug oder Fahrzeug habe, so daß er sich beispielsweise sagen könne, wenn er eine Tür durchschreite: «Ich trage meinen Leib zur Türe hinein.» Jedoch nicht nur gegenüber seinem Leib, sondern auch gegenüber seinem bisher erlebten «Ich» hat der Schüler dieses Empfinden des Tragens und des Gegenüberstehens. Sein jetziges, durch Meditation freigesetztes Ich erfühlt er dabei – sich kraftvoll in ihm erlebend – als ein im Mittelpunkt seiner Seele lebendes Wesen; als den Kern seiner Seele. Dieses Wesenskern-Erleben, das sich aus den Wogen seines alltäglichen Ich-Erlebens herausgebildet hat, tritt in der Folge, durch das unermüdliche meditative Weiterarbeiten, immer stärker in ihm auf. Im weiteren erfährt er, daß sein Denken, Fühlen und Wollen sich bei diesem Geschehen verändert haben. Sie stehen nicht mehr, wie bisher, in starker Wechselwirkung miteinander, sondern sind selbständig geworden. Wie drei getrennte Bereiche oder Felder, auf die er blicken kann, treten sie ihm entgegen. Rudolf Steiner sagt einmal treffend über das Erleben in diesem Zustand: man fühle darin sein Denken, Fühlen und Wollen wie drei Säcke, die man mit sich herumtrage. Die drei Seelenkräfte treten indessen nicht wie im gewöhnlichen Seelenleben auf, sondern in einer neuen Gestalt, die sich durch die meditativen Übungen des Geistesschülers erbildet hat. Das Denken zeigt sich, lebendig geworden, im Zustand des «Es denkt in mir», in welchem der Schüler das Kraftende des Weltendenkens erlebt. Das Fühlen erfährt er als das in der Meditation erarbeitete objektive Fühlen, das ihm, zum Wahrnehmungsorgan geworden, die Eigenschaften der Dinge offenbart. Und mit seinem leibfrei gewordenen, vom erwachten wahren Ich gehandhabten Willen kann er in die Dinge (zum Beispiel in eine Pflanze) bewußtseinsmäßig untertauchen und, sich eins fühlend mit ihnen, ihr Willensstreben erleben. Auf dreifache Weise – durch sein gewandeltes Denken, sein gewandeltes Fühlen und sein gewandeltes Wollen – erlebt er also die geistige Welt.

Es ist dies ein Geschehen, bei dem die Seele des Geistesschülers zum Schauplatz geworden ist, auf dem sich ihm die Welt offenbart. Und der Schüler erlebt sich dabei *als Zuschauer seiner selbst*, also in der Seelenverfassung, welche ihm die Schöpfermächte ursprünglich zugedacht haben.

In einer Fragebeantwortung sagt Rudolf Steiner über diese Seelenverfassung: «*Wenn ich die ganze Welt in mir fühle, dann habe ich mich, mein höheres Selbst gefunden.* Mein Selbst ist außer mir. Welt-Erkenntnis ist Selbst-Erkenntnis!»[56] Der Geistesschüler darf also, nach diesen Worten, beim Eintreten dieser Seelenverfassung sich dessen gewiß sein, die Stufe des Erwachtseins in seinem höheren Ich erreicht zu haben.

Zum geschilderten Erwachen des Schülers in seinem eigentlichen Wesen sei, als Ansporn für unser Schaffen, auf das von Rudolf Steiner im Vortrag vom 10. Februar 1918[57] Gesagte hingewiesen, wo er ausführt, daß das «Wissen, daß in der menschlichen Natur ein Wesenskern liegt, der ewig ist, der durch Tode und Geburten geht», auf dem im Buche «Wie erlangt man Erkenntnisse der höheren Welten?» beschriebenen Wege verhältnismäßig leicht zu erlangen ist, wenn jemand nur genügend Geduld hat. Indessen bedarf es dazu, wie er in einem anderen Zusammenhang erwähnt, der Pflege eines kontinuierlichen und sehr fleißigen Beschreitens des Erkenntnispfades.[58]

Diese Stufe auf dem Schulungsweg erreicht zu haben, ist von größter Wichtigkeit. Durch das lebendige Sich-Erleben in seinem Wesenskern – in deutlicher innerer Losgelöstheit von seinem physischen Leibe – erhält der Geistesschüler die unumstößliche Gewißheit, ein unzerstörbares Geistwesen zu sein. Im weiteren erwächst ihm durch das Erleben seines Wesenskerns die erste konkrete, unmittelbare Selbsterfahrung zur Beantwortung der Frage: «Was ist Geist?», welche Frage erst durch dieses Erfahrungserlebnis mit Gewißheit beantwortet werden kann.

Im erwähnten Beitrag hat der Schreibende auch eine erst im Jahre 1996 veröffentlichte Zeichnung Rudolf Steiners wiedergegeben, zu der Rudolf Steiner sagt, daß sich im Geistesschüler durch sein meditatives Schaffen, wie in der Zeichnung dargestellt, ein Hohlraum erbildet, in welchen, bei den Bemühungen des Schülers um die Herstellung des leeren Bewußtseins, aus der geistigen Welt, ihn inspirierend, deren spirituelle Inhalte einströmen. Ein ähnliches Geschehen vollzieht sich beim Erarbeiten des erwähnten Zustands des «Zuschauers seiner selbst». Auch hier erschafft sich der Geistesschüler durch sein unermüdliches Üben einen Frei- oder Hohlraum in seiner Seele, in welchen nun aber die Sinneswelt so eintritt, daß sie ihm darin durch seine zu geistigen Wahrnehmungsorganen gewordenen Seelenkräfte ihre geistigen Aussagen offenbart. Dieser Zustand tritt in ihm im Verlaufe des Übens immer stärker auf, bis er ihn schließlich mit Leichtigkeit in sich wachrufen kann. – Bei diesem Erleben erfährt der Geistesschüler, daß sich nicht nur die Welt in ihm ausspricht, sondern daß er mit seinem Bewußtsein *zugleich auch in der Welt draußen lebt.*

Und ein weiteres vollzieht sich noch. Durch das allmähliche Freiwerden seines Ätherleibes von der Leibgebundenheit und die Entwicklung seiner Geistorgane erlebt sich der Schüler als hineinwachsend in alle Dinge und erfühlt sich als lebendig verbunden sowohl mit seiner unmittelbaren Umgebung als auch mit den Welten des Kosmos. Sein inspirativ gewordenes Erleben gestaltet sich hierbei in solcher Weise, wie es Rudolf Steiner im Buche «Wie erlangt man Erkenntnisse der höheren Welten?»[60] beschreibt, wo er sagt: «Jetzt tönt es durch seine Seele. Eine innere Sprache – ein *inneres Wort* – hat sich ihm erschlossen. Beseligt im höchsten Grade fühlt sich der Geheimschüler, wenn er diesen Augenblick zum ersten Male erlebt. Über seine ganze äußere Welt ergießt sich ein inneres Licht. Ein zweites Leben beginnt für ihn. Der Strom einer göttlichen, einer gottbeseligenden Welt ergießt sich durch ihn.»

Wer sich einem solchen meditativen Leben widmet und dadurch sein eigentliches Wesen erarbeitet, darf sich dessen gewiß sein, was Rudolf Steiner im Vortrag vom 25. Juni 1908[61] sagt, daß das im Verlauf der kosmischen Entwicklung errungene Ich nunmehr unverlierbar ist. Im weiteren erkennt er das Zutreffende der Aussage Rudolf Steiners, daß er «vor allen Dingen nach der starken Kraft streben [muß], wenn er die Weltenmission versteht, dieses Ich immer innerlicher, immer göttlicher zu machen». Er erfüllt damit eine Aufgabe, deren Erfüllung für die Weiterentwicklung der Menschheit von allergrößter Tragweite ist.

Als Rudolf Steiner nach dem Ersten Weltkrieg vereinzelt wieder damit begann, Esoterische Stunden zu halten, wies er in der am 9. Februar 1920 gehaltenen ersten Stunde[62] auf diese große Aufgabe hin, indem er sagte, daß «die Kräfte, die früher aus den geistigen Wesen in die Menschheit strömten, jetzt verbraucht [sind]» und wir «diese Kräfte jetzt aus unserem Unterbewußtsein heraufholen [müssen]. Das Mysterium von Golgatha wäre umsonst geschehen», erwähnt er warnend, «wenn die Menschen diese inneren Kräfte nicht anwenden, sondern sie abweisen würden. Das würde die ganze *Zerstörung der Erdenentwicklung nach sich ziehen.*» Es würden auf der Erde dann seelenlose Leiber herumgehen, die nur mit einem automatischen Verstande arbeiten können. Solche seelenlosen Menschen haben sich schon während der Kriegskatastrophe gezeigt und würden «immer mehr kommen, wenn nicht der Geist aufgenommen wird, der jetzt herunterdrängt. Diese seelenlosen Menschen», erwähnt er, «sind eine willkommene Beute für dämonische Wesen, die diesen automatisch wirkenden Verstand für ihre Ziele anwenden werden.» Und er betont, was wohl jedermann mit großer Sorge erfüllen dürfte: «Wenn nicht eine kleine Anzahl Menschen sich durchdringen läßt von der Bedeutung des Furchtbaren, das jetzt gesagt worden ist, wenn nicht der nötige Ernst aufgebracht werden kann, dann *ist die weitere Entwicklung der Menschheit unmöglich.*»

«Ich werde Ihnen eine Wegzehrung geben», sagt er sodann, «die Ihnen, meditierend, eine große Hilfe wird sein können, um die vielen Geheimnisse, die in dem Gesagten liegen, zu ihrem Bewußtsein zu bringen.» Es sind die in GA 266/3 auf Seite 358 angeführten Meditationen, die unter anderem der Ich-Erfassung und Ich-Erkraftung dienen, zur Erweckung unseres wahren Ich, zu der uns alles Schaffen auf dem Schulungswege führen will.

Der kleine und der große Hüter der Schwelle

Wer sich als Geistesschüler längere Zeit um das Sich-Hineinleben in die geistige Welt bemüht, sieht sich immer wieder vor Geschehnisse gestellt, die in ihren vielseitigen Aspekten nicht leicht zu erfassen sind. Es erstaunt ihn deshalb nicht, daß Rudolf Steiner bei der Schilderung der Erlebnisse des Geistesschülers auf dem Geistespfade oft schwierige Darstellungen geben muß, die von manchem als sehr kompliziert empfunden werden und die sich erfahrungsgemäß erst nach und nach einem im Voranschreiten auf dem Geistespfade sich ergebenden konkreteren Verständnis der Geschehnisse voll erschließen. Zu den Schilderungen solcher Art zählen die vielseitigen Ausführungen Steiners über die Begegnungen des Geistesschülers mit dem kleinen und großen Hüter der Schwelle. Es sei deshalb in diesem Aufsatz der Versuch gewagt, diese nicht leicht zu erfassenden, jedoch sehr wichtigen Schilderungen Rudolf Steiners näher zu verstehen.

Der Doppelgänger als kleiner Hüter der Schwelle

In seinem grundlegenden Schulungsbuch «Wie erlangt man Erkenntnisse der höheren Welten?» schildert Rudolf Steiner, wie sich der Geistesschüler durch meditative Übungen seelische Wahrnehmungsorgane erschafft und wie er in diesem Schaffen erlebt, daß er aus seinem niederen, alltäglichen Ich allmählich herauswächst und sich als erwacht in einem neuen Seelenmittelpunkt, in seinem wahren, durch Tode und Geburten schreitenden Ewigkeits-Wesen erfährt.[63] Durch diese Entwicklung erlebt er «einen zweiten Menschen in sich, der als Geistwesen ein bewußter Zuschauer des gewöhnlichen Seelen-Erlebens ist»[64], und er erfährt, wie sich in diesem Geschehen sein Bewußtsein erweitert, indem in ihm allmählich aufzuleuchten beginnt, was in den unbewußten Tiefen seines Seelenlebens lebt. – Ein markantes Erlebnis bei dieser Bewußtseinserweiterung ist das von Rudolf Steiner im Kapitel «Der Hüter der Schwelle» des genannten Schulungsbuches beschriebene Auftreten des Hüters der Schwelle. Er sagt dort über dieses Erlebnis[65], daß es «nicht nur einen, sondern im wesentlichen zwei, einen ‹kleineren› und einen ‹größeren› ‹Hüter der Schwelle›» gibt. «Dem ersteren begegnet der Mensch dann, wenn sich die Verbindungsfäden zwischen Willen, Denken und Fühlen innerhalb der feineren Leiber (des Astral- und Ätherleibes) so zu lösen beginnen, wie das im vorigen Kapitel gekennzeichnet worden ist. Dem ‹größeren Hüter der Schwelle› tritt der Mensch gegenüber, wenn sich die Auflösung der Verbindung auch auf die physischen Teile des Leibes (namentlich zunächst das Gehirn) erstreckt.»

Dann fügt er erklärend hinzu: «Der ‹kleinere Hüter der Schwelle› ist ein selbständiges Wesen. Dieses ist für den Menschen nicht vorhanden, bevor die entsprechende Entwicklungsstufe von ihm erreicht ist» und bemerkt dazu in einer wichtigen Anmerkung[66]: «Es ist aus obigem klar, daß der geschilderte ‹Hüter der Schwelle› eine solche (astrale) Gestalt ist, welche dem erwachenden höheren Schauen des Geheimschülers sich offenbart.» Sodann erwähnt er: «So schrecklich die Gestalt dieses Hüters auch ist, sie ist doch nur die Wirkung des eigenen vergangenen Lebens des Schülers, ist nur sein eigener Charakter, zu selbständigem Leben außer ihm erweckt. Und diese Erweckung geschieht durch die Auseinanderlösung von Wille, Denken und Gefühl. – Schon das ist ein Erlebnis von tief bedeutungsvoller Art, daß man zum ersten Male fühlt, man habe einem geistigen Wesen selbst den Ursprung gegeben.»

Wir alle tragen also, nach diesen Worten Rudolf Steiners, in unserer niederen Natur eine Wesensprägung, deren Gestaltung wir durch die Taten in unseren früheren und im jetzigen Erdenleben bewirkt oder wesentlich mitbewirkt haben. Und diese Wesensprägung (unsere niedere Natur) zu wandeln, so daß sie sich mit unserem wahren Wesen nach und nach verbinden kann und «zu einer in sich vollkommenen, herrlichen Wesenheit» wird[67], ist unsere eigentliche menschliche Aufgabe. Dabei tritt als Hilfe für diese Wandlung in einem bestimmten Moment unserer inneren Entwicklung in Imaginationen die Gestalt des kleinen Hüters der Schwelle vor unser geistiges Auge und zeigt uns mit seiner Erscheinung, was in den Tiefen unserer Seele ruht und was im Gang durch die wiederholten Erdenleben von uns noch gewandelt werden muß. In der Gestalt seines imaginativen Webens wird aber auch unser wahres Ich sichtbar – unser Ewigkeitswesen –, das wir begonnen haben durch unser Erwachtsein in unserem Wesenskern bewußt zu erleben. Der kleine Hüter zeigt uns also wie in einem Ebenbilde, was wir sind: unser niederes Ich und in ersten Anfängen die Gestalt unseres höheren Wesens. Für Kenner der Mysteriendramen sei darauf hingewiesen, wie beim Auftreten des Johannes Thomasius die in seinem Doppelgänger sich spiegelnde Ebenbildlichkeit dadurch ausgedrückt wird, daß der Doppelgänger die genau gleiche Kleidung trägt wie Johannes Thomasius und dieselben Gesten macht wie er.

Doch unsere in der Gestalt des kleinen Hüters oder Doppelgängers sich manifestierende niedere Natur ist kein einheitliches Wesen. Es lebt in ihm, was wir im Gang durch die Inkarnationen an verschiedenen seelischen Gestaltungen erschaffen haben, und diese können sowohl als Ganzes wie auch als einzelne Gestaltungen auftreten. Deshalb erlebt Johannes Thomasius in den Geschehnissen der Mysteriendramen, daß nicht nur sein Doppelgänger auftritt, sondern daß ein Teil von ihm, durch karmische Umstände verselbständigt, sich ihm als sein Geist der Jugend zeigt. In den

Tiefen unserer Seele tragen wir alle aber noch einen ganz besonderen Doppelgänger, der damit zusammenhängt, daß wir Mensch sind. Diesem Doppelgänger hat Rudolf Steiner am 16. November 1917[68] einen besonderen Vortrag gewidmet, in dem er ausführt, daß kurze Zeit bevor wir geboren werden (nicht lange vorher) ahrimanische Geistwesen von unserem Leib Besitz ergreifen. Diese Wesen haben «eine außerordentlich hohe Intelligenz und einen ganz bedeutsam entwickelten Willen – aber gar kein Gemüt, nicht das, was man menschliches Gemüt nennt». Und feststellend bemerkt er hierzu: «Wir schreiten schon so durch unser Leben, meine lieben Freunde, daß wir unsere *Seele haben und einen solchen Doppelgänger,* der viel gescheiter ist, sehr viel gescheiter ist als wir, sehr intelligent ist, aber eine mephistophelische Intelligenz hat, eine ahrimanische Intelligenz hat, und dazu einen ahrimanischen Willen, einen sehr starken Willen, einen Willen, der den Naturkräften viel näher steht als unser menschlicher Wille, der durch das Gemüt regiert wird.» Diese Wesen, erwähnt Rudolf Steiner im weiteren, begleiten uns unter der Schwelle unseres Bewußtseins, und eines nur können sie absolut nicht vertragen: nämlich den Tod. «Daher müssen sie diesen menschlichen Leib, in dem sie sich festsetzen, bevor er vom Tode befallen wird, verlassen», was immer eine herbe Enttäuschung für sie ist. (Für Näheres, was Rudolf Steiner über diesen Doppelgänger sagt, muß auf den Vortrag verwiesen werden.) Hier sei nur bemerkt, daß wohl auch dieser Doppelgänger, wenn die karmischen Voraussetzungen gegeben sind, dem Geistesschüler als besonderes Wesen sichtbar werden kann.

Wodurch der Doppelgänger zum Hüter der Schwelle wird

In seiner Schulungswegschilderung in der «Geheimwissenschaft im Umriß»[69] erwähnt Rudolf Steiner, daß der Mensch etwas in sich hat, «was ihn an einer tiefergehenden Selbsterkenntnis hindert. Es ist dies ein Trieb, sogleich, wenn er durch Selbsterkenntnis sich eine Eigenschaft gestehen muß und sich keiner Täuschung über sich hingeben will, diese Eigenschaft umzuarbeiten. – Gibt er diesem Trieb nicht nach, lenkt er einfach die Aufmerksamkeit von dem eigenen Selbst ab und bleibt er, wie er ist, so benimmt er sich selbstverständlich auch die Möglichkeit, sich in dem betreffenden Punkt selbst zu erkennen. Dringt der Mensch aber in sich selbst und hält er sich ohne Täuschung diese oder jene Eigenschaft vor, so wird er entweder in der Lage sein, sie an sich zu verbessern oder aber er wird dies in der gegenwärtigen Lage seines Lebens nicht können. In dem letzten Falle wird seine Seele ein Gefühl beschleichen, das man als Gefühl des Schämens bezeichnen muß.» «Das Schämen ist also eine Kraft, welche den Menschen antreibt, etwas in sein

Inneres zu verschließen und dies nicht äußerlich wahrnehmbar werden zu lassen. Wenn man dies gehörig bedenkt, so wird man begreiflich finden, daß die Geistesforschung einem innern Seelenerlebnis, das mit dem Gefühl des Schämens ganz nahe verwandt ist, noch viel weitergehende Wirkungen zuschreibt. Sie findet, daß es in den verborgenen Tiefen der Seele eine Art verborgenes Schämen gibt, dessen sich der Mensch im physisch-sinnlichen Leben nicht bewußt wird. Dieses verborgene Gefühl verhindert, daß des Menschen innerste Wesenheit in einem wahrnehmbaren Bilde vor den Menschen hintritt. Wäre dieses Gefühl nicht da, so würde der Mensch vor sich selbst wahrnehmen, was er in Wahrheit ist; er würde seine Vorstellungen, Gefühle und seinen Willen nicht nur innerlich erleben, sondern sie wahrnehmen, wie er Steine, Tiere und Pflanzen wahrnimmt. So ist dieses Gefühl der Verhüller des Menschen vor sich selbst. Und damit ist er (der Mensch) zugleich der Verhüller der ganzen geistig-seelischen Welt.»

Dieses Verhüllen ist eine Wohltat für den Menschen, denn ohne geistige Schulung ist er nicht imstande, «die Wahrnehmung der eigenen Wesenheit in ihrer wahren Gestalt ohne weiteres zu ertragen»[70]. Erst durch eine Schulung, erwähnt Rudolf Steiner, lernt er das Ertragen des Anblicks seines wahren Wesens und dem Doppelgänger kraftvoll zu begegnen, wenn er ihm zeigt, wie er in Wahrheit ist. – Das Wahrnehmen seiner wahren Wesensgestalt ist für den Geistesschüler aber von größter Bedeutung, weil seine «Selbstwahrnehmung nicht zu trennen ist von der Wahrnehmung der übrigen geistig-seelischen Welt»[71]. Um die geistige Welt objektiv wahrnehmen zu können, muß er somit unterscheiden lernen zwischen sich und der geistigen Außenwelt; er muß lernen, alle Wirkungen des eigenen Selbstes auf die um ihn befindliche seelisch-geistige Welt auszuschalten. Das kann er nicht anders, als wenn er sich eine Erkenntnis erwirbt von dem, «was man selbst in die neue Welt hineinträgt. Es handelt sich also darum, daß man zuerst wahre, durchgreifende Selbsterkenntnis hat, um dann die umliegende geistig-seelische Welt rein wahrnehmen zu können.»[72]

Sodann sagt Rudolf Steiner über den Doppelgänger zusammenfassend[73]: «Der Doppelgänger wirkt für das Leben des Menschen in der physisch-sinnlichen Welt so, daß er sich durch das gekennzeichnete Gefühl des Schämens sofort unsichtbar macht, wenn sich der Mensch der seelisch-geistigen Welt naht. Damit verbirgt er aber auch diese ganze Welt selbst. Wie ein ‹Hüter› steht er da vor dieser Welt, um den Eintritt jenen zu verwehren, welche zu diesem Eintritt noch nicht geeignet sind. Er kann daher der ‹Hüter der Schwelle, welche vor der geistig-seelischen Welt ist› genannt werden.»

Der Doppelgänger als siebente seelisch-geistige Wesenheit der Seele

In der «Geheimwissenschaft im Umriß»[74] spricht Rudolf Steiner davon, daß sich im Geistesschüler im meditativen Schaffen durch die Trennung seiner Seelenkräfte neue Seelenglieder erbilden. Sein selbständig und lebendig gewordenes «Denken regt das Auftreten einer besonderen, vierten seelisch-geistigen Wesenheit an, welche man bezeichnen kann wie ein unmittelbares Einfließen von Strömungen in den Menschen, die den Gedanken ähnlich sind. Die ganze Welt erscheint da als Gedankengebäude, das vor einem steht, wie die Pflanzen- oder Tierwelt im physisch-sinnlichen Gebiete. Ebenso regen das selbständig gewordene Fühlen und Wollen zwei Kräfte in der Seele an, welche in derselben wie selbständige Wesen wirken. Und noch eine siebente Kraft und Wesenheit kommt dazu, welche ähnlich dem eigenen Ich ist.» Und etwas später erwähnt er[75]: «Ja, diese siebente Wesenheit ist in gewisser Beziehung nichts anderes als der Doppelgänger, der ‹Hüter der Schwelle› selbst. Und die stellt dem Geistesschüler eine besondere Aufgabe. Er hat das, was er in seinem gewöhnlichen Selbst ist und was ihm im Bilde erscheint, durch das neugeborene Selbst zu leiten und zu führen. Es wird sich eine Art von Kampf ergeben gegen den Doppelgänger. Derselbe wird fortwährend die Überhand anstreben. Sich in das rechte Verhältnis zu ihm zu setzen, ihn nichts tun lassen, was nicht unter dem Einfluß des neugeborenen ‹Ich› geschieht, das stärkt und festigt aber auch des Menschen Kräfte.» – Das Auftreten des Doppelgängers erweist dem Geistesschüler somit, daß er in seiner Entwicklung auf dem Geistespfade die bedeutende Stufe der Entwicklung der beschriebenen siebenten Wesenheit seiner Seele erreicht hat und daß es ihm nun obliegt, aus der Kraft seines erwachten höheren Ich unentwegt an der Wandlung seiner niederen Natur zu wirken.

Das Auftreten des großen Hüters der Schwelle

Eine andere Welt eröffnet sich dem Geistesschüler beim Auftreten des «großen Hüters der Schwelle». In ihm tritt ihm erstmals unmittelbar ein hierarchisches Wesen entgegen, das ihm mehr erschließt als nur die Spiegelung seines eigenen Wesens. Rudolf Steiner hat bei der Uraufführung des Dramas «Der Hüter der Schwelle» am 24. August 1912 im Vortrag vom 27. August 1912[76] über den «großen Hüter der Schwelle» gesprochen und gesagt: «So konkret, so lebendig wie ein Mensch: das ist der Hüter der Schwelle. Er ist da als ein konkretes, reales Wesen. Und lernt man ihn kennen, so lernt man ihn auch kennen als ein Wesen, das in die Kategorie von Wesen gehört, die in einer gewissen Weise mitgemacht haben das Leben vom Erdenurbeginn, dann aber nicht dasjenige mitgemacht haben, was man als Seelenwesen erlebt. Das ist das Wesen, das in dem Mysteriendrama ‹Der Hüter der Schwelle› dramatisiert werden sollte mit den Worten:

Bekannt ist dir, der dieses Reiches Schwelle
Behüten muß seit Erdenurbeginn,
Was, um es zu betreten, Wesen brauchen,
Die deiner Zeit und deiner Art gehören.

Dieses ‹deiner Zeit und deiner Art› ist etwas, was aus dem Wesen der Sache heraus folgt. Andere Zeiten und andere Art haben die Menschen – andere Art und andere Zeiten haben die Wesen, die in einer gewissen Weise getrennt gegangen sind von den Wegen der Menschheit seit dem Erdenurbeginn. Da kommen wir mit einem Wesen zusammen, demgegenüber man sich sagt: Ich habe ein Wesen vor mir, das erfährt und erlebt vieles in der Welt; aber es beschäftigt sich nicht mit dem, was man an Liebe, an Schmerzen und Pein, aber auch an Fehlern und Unmoralischem auf der Erde erleben kann; es weiß nichts und will nichts wissen von dem, was sich abgespielt hat in der menschlichen Grundwesenheit bis jetzt. Die christliche Überlieferung drückt diesen Tatbestand dadurch aus, daß sie sagt: Vor dem Geheimnis der Menschwerdung verhüllten diese Wesenheiten ihr Antlitz. Eine ganze Welt ist in dem Unterschiede zwischen diesen Wesenheiten und den menschlichen Wesenheiten ausgedrückt. – Und nun kommt eine Empfindung, die man unmittelbar hat [...]: Dadurch, daß du durch die Erdenkultur durchgegangen bist, hast du dir notwendigerweise Unvollkommenheiten angeeignet, aber du mußt wieder zurückkommen zu dem ursprünglichen Zustand, *mußt auf der Erde den Weg wieder zurückfinden, und dieses Wesen kann dir das zeigen,* weil es deine Fehler nicht angenommen hat. Jetzt steht man einem Wesen gegenüber wie einem wirklichen Vorwurf, groß und grandios, wie ein Ansporn zu dem, was man nicht ist. [...] In die Klasse der *Erzengel,* der *Archangeloi,* wie wir sagen, gehört dieses Wesen. Es ist eine ganz reale Begegnung, und sie veranlaßt, daß einem plötzlich vor Augen tritt, was man als Erdenmensch im Sinnensein geworden ist. [...] Sich selber schaut man, wie man ist, *und sich selbst schaut man, wie man nun werden soll!*»

Doch erst nach langer innerer Entwicklung tritt der «große Hüter der Schwelle» dem Geistesschüler entgegen. Lange Zeit begegnet ihm bei seinem Hineinwachsen in die geistige Welt nur der «kleine Hüter der Schwelle», der ihm zeigt, was er in sich zu wandeln und welche seelisch-geistigen Eigenschaften er zu entfalten hat, um wahrhaft Mensch zu werden. – Hinsichtlich der Begegnung des Johannes Thomasius mit dem großen Hüter erwähnt Rudolf Steiner im Vorwort des Dramas «Der Hüter der Schwelle», daß sich die Vorgänge in diesem Drama etwa dreizehn Jahre nach denjenigen der «Pforte der Einweihung» abspielen. Also auch bei Johannes Thomasius als einem begabten Geistesschüler tritt die Begegnung mit dem «großen Hüter» nicht rasch, sondern erst nach längerer Entwicklungszeit ein. – Doch erfährt die geschilderte Gestalt des «großen Hüters» noch eine Metamorphose. In der «Geheimwissenschaft im Umriß»[77] sagt Rudolf Steiner über den «großen Hüter der Schwelle»: daß er vor dem Geistesschüler steht «wie eine stetige Aufforderung, weiter zu arbeiten. Dieser ‹große Hüter der Schwelle› wird nun sein Vorbild, dem er nachstreben will. Wenn diese Empfindung in dem Geistesschüler auftritt, dann hat er die Möglichkeit erlangt zu erkennen, wer da eigentlich als der ‹große Hüter der Schwelle› vor ihm steht. Es verwandelt sich nämlich nunmehr dieser Hüter in der Wahrnehmung des Geistesschülers in die Christus-Gestalt. [...] Der Geistesschüler wird dadurch in das erhabene Geheimnis selbst eingeweiht, das mit dem Christus-Namen verknüpft ist. Der Christus zeigt sich ihm als das ‹große menschliche Erdenvorbild›.» – Aus dem Erleben des Erzengelwesens erwächst, dessen Erscheinung durchdringend, dem Geistesschüler das Erleben der Christus-Wesenheit. Und in dem Christus steht in reinster Gestalt vor ihm Bild und Ziel seines menschlichen Werdens.

Können durch Rückführungen echte Reinkarnationserinnerungen erweckt werden?

Seit Morey Bernstein in seinem Buch «Protokoll einer Wiedergeburt»[79] über seinen im Jahre 1952 durchgeführten Versuch, eine im Jahre 1923 im Bundesstaat Iowa geborene Hausfrau durch Hypnose in ein früheres Erdenleben zurückzuführen, berichtet hat, ist die Frage nicht verstummt, ob die auftretenden Erlebnisse als echte Rückerinnerungen an ein früheres Leben oder nur als Ausgeburt der Phantasie oder als Projektion von Seeleninhalten der Versuchsperson zu beurteilen sind. Die Hausfrau erlebte sich als zurückversetzt in ein Leben, das sie mit dem Namen Bridey Murphy als Frau eines Buchhalters vom Jahre 1798 bis 1864 in Irland geführt hat. In der Folge gelang es, wenigstens zwei Dutzend ihrer Aussagen über ihr damaliges Leben, über deren Inhalt sie sich in ihrer jetzigen Inkarnation bestimmt keine Informationen hat beschaffen können, als richtig nachzuweisen. Unter anderem handelte es sich um in jener Zeit gebräuchliche irische Ausdrücke, gängige Münzsorten, Angaben von Geschäften, in denen sie eingekauft hatte, Schilderung eines damaligen bei Hochzeiten üblich gewesenen irischen Tanzes, des «jig», der auch bei ihrer Hochzeit getanzt worden sei, sowie um das Vorhandensein angegebener Orte, die sie besucht hatte, und um noch weitere Erlebnisse. Hingegen war es trotz allen Nachforschungen nicht möglich, den Nachweis ihrer Existenz und derjenigen ihres Mannes anhand des Adreßbuches zu erbringen, da in jenem Jahrhundert in den Adreßbüchern Irlands nur Hauseigentümer und keine Mieter eingetragen worden sind und zudem Murphy einer der häufigsten irischen Familiennamen ist. Liest man heute das Buch «Protokoll einer Wiedergeburt», so ist man beeindruckt von der Fülle der Detailaussagen von Bridey Murphy, und das abgedruckte Urteil von Professor Dr. G.E. Hutchinson erscheint zutreffend, wonach viele Forscher die Resultate nur deshalb nicht anerkannt hätten, weil sie sie nicht wahrhaben wollten und der Anerkennung ausgewichen seien, indem sie die einläßlichen Berichte über die Versuche nicht einmal geprüft hätten. In der Folge sind, wie aus der einschlägigen Literatur hervorgeht, schon mehrere tausend solcher hypnotischen Rückführungen in frühere Erdenleben vollzogen worden.

Besonders bekannt geworden als Reinkarnationsforscherin ist durch ihre Forschungsergebnisse die inzwischen verstorbene amerikanische Professorin Helen Wambach. Da bei der üblichen Praxis der hypnotischen Rückführung von einzelnen Personen in frühere Inkarnationen hinsichtlich der Echtheit der Rückblicke immer Unsicherheiten bestehen, hat sie den Weg gewählt, freiwillige Versuchspersonen hypnotisch in Gruppen von zehn bis zwanzig Personen während drei Sitzungen in drei sich über eine Zeitspanne von 4000 Jahren erstreckende frühere Erdenleben zurückzuführen. Die Teilnehmer konnten sich bei der Suche nach ihren früheren Erdenleben im hypnotischen Zustand für verschiedene, von der Hypnotiseurin vorgeschlagene Zeitperioden entscheiden und mußten ihre Erlebnisse nach dem Aufwachen in einen Fragebogen eintragen, welcher von Helen Wambach statistisch ausgewertet wurde, indem sie die Aussagen nach sozialen Schichten in vergangenen Geschichtsperioden, Rassenzugehörigkeit in vergangenen Leben, Verteilung der Geschlechter (männliche oder weibliche Inkarnation), Bekleidung und Eßgewohnheiten in den einzelnen Erdenleben gruppierte. Es geschah dies in zwei Versuchsreihen, welche 800 und 300, insgesamt also 1100 Versuchspersonen umfaßten. Die Ergebnisse der statistischen Auswertung hat Helen Wambach in ihrem Buch «Seelenwanderung»[80] und ihre weiteren Versuche, in den Versuchspersonen auch Erinnerungen an ihren vorgeburtlichen Zustand zu erwecken, im Buche «Leben vor dem Leben»[81] veröffentlicht. Der Autor hat sich in den Jahren 1986 und 1987 mit den Forschungsergebnissen von Frau Wambach in den Artikeln «Der Reinkarnationsgedanke im geistigen Suchen der Gegenwart»[82] und «Erschließung vorgeburtlicher Erlebnisse durch Hypnose»[83] einläßlich auseinandergesetzt.

Er kam damals im Artikel «Erschließung vorgeburtlicher Erlebnisse durch Hypnose», unter Aufzeigung aller sich erhebenden Einwände und Beurteilung des Wertes solcher Rückblicke, zur Auffassung, daß sich bei Rückführungen in frühere Erdenleben – sei es durch Hypnose oder durch hypnosefreie Methoden, wie sie in der Folge entwickelt worden sind – auch aus der Sicht der Aussagen Rudolf Steiners durchaus wahre Einblicke in frühere Inkarnationen oder vorgeburtliche Erlebnisse ergeben können.

Beurteilung der Rückführungen aus der Sicht der Geisteswissenschaft

Rückblicke in frühere Erdenleben, sagt Rudolf Steiner im Vortrag vom 28. August 1915[84], treten auf, «wenn die Erinnerungskraft weiter ausgebildet sein wird, dann wird zu dem jetzigen Erleben etwas anderes hinzukommen, nämlich [...] das innerliche Erleben früherer Inkarnationen. Das *Erleben früherer Inkarnationen beruht auf einer Erhöhung des Erinnerungsvermögens,* denn das muß unter allen Umständen ein Wiedererkennen sein.»

Bei den geschilderten Rückführungen in frühere Erdenleben tritt keine Steigerung der Erinnerungskräfte ein, wie sie auf dem anthroposophischen Schulungsweg zur Erlangung der Erkenntnisse der höheren Welten angestrebt wird; doch wird durch die Methoden der Rückführung in der Versuchsperson ein vertieftes Sich-Erinnern in dem Sinne erweckt, daß sie durch die Herstellung des Zustands des leeren Bewußtseins (bei der hypnosefreien Methode) in die Tiefen ihrer Seele, wo die Erinnerungen leben, eindringen und Erinnerungen erwecken kann, die ihr beim alltäglichen Sich-Erinnern nicht zugänglich sind.

Über diesen Erinnerungsbereich sagt Rudolf Steiner[85], daß jeder Mensch sowohl die Erinnerungen des jetzigen Lebens als auch diejenigen aus früheren Inkarnationen in einem ihn umgebenden ätherischen Nebel – in einer Aura – ständig um sich habe. Unsere Erinnerungen an frühere Erdenleben sind also nicht irgendwo in fernen Bereichen zu suchen, sondern sind uns ständig unmittelbar nahe, weshalb es nicht unwahrscheinlich ist, daß sie mittels der bei den Rückführungen angewandten Methoden relativ leicht in uns erweckt werden können. Auf dem Vorhandensein dieser Erinnerungsaura wird auch beruhen, daß wir, wie Rudolf Steiner schildert[86], in jedem Schlaf – selbst beim kürzesten Nickerchen – alle unsere Inkarnationen, bis zum erstmaligen Niederstieg auf die Erde, durchleben.

Angesichts der angeführten Forschungsaussagen Rudolf Steiners dürfte es meines Erachtens durchaus erklärlich sein, warum bei Versuchspersonen verhältnismäßig leicht Erinnerungen an ihre früheren Erdenleben erweckt werden können.

Doch ist zu beachten, daß es Schicksal des Menschen ist, in einer Maja-Welt zu leben, und daß sich uns die wahre Gestalt des Seins nur durch intensivstes Suchen und Bemühen erschließt. So sind auch die Rückblicke in frühere Erdenleben mit erheblichen Maja-Geschehnissen oder Irrtumsmöglichkeiten belastet. Von einer solchen Irrtumsmöglichkeit spricht Rudolf Steiner im 8. Vortrag des ersten Bandes seiner Karma-Vorträge[87], wo er sagt, daß beim Erforschen von früheren Erdenleben, ausgehend von prägnanten Erlebnissen des jetzigen Lebens – wie es bei Rückführungen oft der Fall ist – die Gefahr von großen Irrtümern besteht. Er spricht davon, daß die Gefahr des Auftretens von unzähligen «Inkarnationen» bestehe, die nur Spiegelungen darstellen von Geschehnissen in der jetzigen Inkarnation. Solche irrtümlichen Reinkarnationserlebnisse, die es zu durchschauen gelte, nennt er «Blender». Rudolf Steiner schildert in jenem Vortrag, wie schwierig es für ihn war, bei der Erforschung der wiederholten Erdenleben von Eugen Dühring diese Blender zu durchschauen.

Auch Thorwald Dethlefsen ist bei seinen hypnotischen Rückführungen auf solche Blender gestoßen. In seinem Buch «Schicksal als Chance»[88] erzählt er aus seiner Praxiserfahrung, daß ein Patient, der mit dem linken Auge nicht sieht, beim Zurückführen in sein letztes Erdenleben erlebt habe, wie er damals von einem Pfeil ins Auge getroffen worden sei, daß er aber bei der Erweckung von weiteren Inkarnationen noch viele Ereignisse fand, bei denen er das linke Auge verloren hatte. Hier dürften mit an Sicherheit grenzender Wahrscheinlichkeit «Blender» vorliegen.

Diese «Blender» und weitere in den erwähnten Aufsätzen besprochene Irrtumsmöglichkeiten – daß zum Beispiel Erlebnisse, die andere Personen in früheren Erdenleben hatten, auftauchen können und als eigene Reinkarnationserlebnisse betrachtet werden oder daß sich in den Bilderlebnissen nur unbewußte Seeleninhalte spiegeln und anderes mehr – treten also auch bei Rückführungen auf; weshalb die Frage ihres Vorhandenseins als Unsicherheitsfaktor bei allen Beurteilungen von Reinkarnationsrückblicken stets einläßlich zu prüfen und einzubeziehen ist.

Eine geisteswissenschaftliche Reinkarnationserinnerungsübung

Rudolf Steiner hat uns auch einen Reinkarnationserinnerungsweg gezeigt[89], durch den, wie Rudolf Steiner sich ausdrückt, «eine Möglichkeit eines verhältnismäßig schnellen Reifens für die Auffassung karmischer Zusammenhänge vorhanden [ist]». Mit dieser Übung kann, ohne auf dem Schulungsweg zur Erlangung der Erkenntnisse der höheren Welten schon entsprechend vorangeschritten zu sein, erlebt werden, wie ein Geschehnis in unserer jetzigen Inkarnation mit Geschehnissen in einem früheren Erdenleben zusammenhängt. Die Übung besteht, in Kürze geschildert, darin, daß wir uns ein wesentliches Ereignis, das im Tagesverlauf an uns herankommt, mit aller Schärfe «vor die Seele stellen, wie wenn man es geistig malen wollte». «Wenn man in dieser Weise ein solches Erlebnis des Tages zum Bilde bringt», fährt Rudolf Steiner fort, «dann beschäftigt sich in der nächsten Nacht, wenn der astralische Leib aus dem Ätherleib und dem physischen Leib heraus ist», der astralische Leib, im äußeren Äther lebend, mit diesem Bilde, und der Äther bildet seine eigene Substanz dem Bilde ein. In der zweiten Nacht wird das Bild alsdann vom Astralleib dem Ätherleib eingeprägt, welcher es in sich ausarbeitet. In der dritten Nacht wird das Bild vom Ätherleib dem physischen Leib, der es ebenfalls in sich ausarbeitet, eingeprägt. Und nach der dritten Nacht «entsteht dann überall aus dem physischen Leib heraus eine Umgestaltung, eine mächtige vergrößerte Umgestaltung des Bildes. Und wenn Sie nun aufstehen», sagt Rudolf Steiner, «dann steht dieses Bild da, in dem Sie eigentlich drinnen schweben, das eigentlich wie eine Art Wolke ist, in der Sie drinnen sind. Mit diesem Bilde stehen Sie auf.» Und man bekommt «das Bild des verursachenden Ereignisses aus einem früheren Erdenleben». Man bekommt aber dieses Bild nicht auf den ersten Anhieb, fügt Rudolf Steiner hinzu, sondern erst, wenn man es vielleicht zum 50. oder 70. Mal versucht hat, zu gewinnen.

Warum Rudolf Steiner keine Rückführungsmethoden praktiziert hat

Es kann sich die Frage erheben, warum Rudolf Steiner auf die Methoden der Rückführungen, wie sie heute weit verbreitet praktiziert werden, nicht hingewiesen hat.

Daß man auf solchen Wegen Erinnerungen an frühere Erdenleben in den Menschen erwecken kann, dürfte Rudolf Steiner angesichts seiner vorerwähnten Aussagen (daß das Erleben früherer Inkarnationen auf einer Steigerung des Erinnerungsvermögens beruht; daß der Mensch die Erinnerung an seine früheren Inkarnationen in Gestalt eines ätherischen Nebels ständig um sich habe, Vermittlung einer Reinkarnations-Erinnerungsübung) sicher gekannt haben. Das Herstellen eines leeren Bewußtseins bei hypnosefreien Rückführungen, als Voraussetzung für das Erwecken von Erinnerungen an Erlebnisse in früheren Erdenleben, ist auch ein Erfordernis auf dem anthroposophischen Schulungsweg zur Erlangung der inspirativen Erkenntnisstufe. Was sich alles durch das Erleben im leeren Bewußtsein ergeben kann, wird Rudolf Steiner ebenfalls sicher wohlvertraut gewesen sein.

Worin dürfte somit der Beweggrund liegen, daß Rudolf Steiner den Weg der heute üblichen, relativ bequemen Rückführungsmethoden zur Erforschung von früheren Erdenleben nicht aufgezeigt hat?

Steiners Aufgabe bestand darin, Menschen auf den Weg der Entwicklung zu bringen, wozu er uns den Schulungsweg zur Erlangung der Erkenntnisse der höheren Welten gab. Es ist der Weg, auf dem der Mensch zu dem Menschen wird, der er nach dem Willen der Götter werden soll. Zu diesem Ziele wollte er den Menschen in erster Linie führen. Auf diesem Wege erschließen sich ihm übersinnliche Erlebnisse; vor allem aber erfährt er, wie sich eine neue Seelenkonstitution in ihm erschafft, in der sein Denken, Fühlen und Wollen im Zustand des «Es denkt in mir», «Sie fühlt in mir», «Er will in mir» eine neue Gestalt annehmen.[90] Als markantes großes Geschehen erlebt er auf diesem Wege aber, was zunächst höchstes Ziel seines Strebens ist: wie sich nach einer gewissen Schaffenszeit aus seinem alltäglichen Ich allmählich sein eigentliches Wesen, der zweite Mensch in ihm, herauszulösen beginnt. Er erfährt das Erwachen in seinem höheren Menschen, in seinem durch die Inkarnationen schreitenden Ewigkeitswesen.[91] Es ist dies die Stufe, von der Rudolf Steiner sagt, daß das Wissen vom Vorhandensein dieses Wesens auf den im Buche «Wie erlangt man Erkenntnisse der höheren Welten?» geschilderten Wegen mit genügend Geduld verhältnismäßig leicht erlangt werden könne[92], wodurch er in seinem menschlichen Werden die Stufe erreicht hat, die ihn in immer neue Erlebniswelten hineinwachsen läßt.

Aus dem Gesagten dürfte es meines Erachtens erklärlich sein, warum Rudolf Steiner wahrscheinlich den Weg der heute üblichen Rückführungen nicht gewiesen hat. Er wollte den Menschen auf den Weg der Entwicklung bringen, wo er nicht nur Erkenntnisse, sondern vor allem Kräfte gewinnt, die er, um in seinem Werden als Mensch weiterschreiten zu können, in unermüdlichem Schaffen sich selber erarbeiten muß. – Der Wert der Einsichten aus Rückführungen in frühere Erdenleben zur Bewältigung des persönlichen Schicksals ist, sofern es sich um wahre Rückblicke handelt, nicht in Frage gestellt. Doch darf sich, wenn man durch die relativ bequemen Methoden der Rückführung Erkenntnisse über seine früheren Erdenleben gewinnt, nicht die Ansicht einstellen, man habe auf diesem Wege schon die Kräfte erworben, wie sie auf dem Schulungsweg zum Erschauen von früheren Erdenleben und zum Erreichen der oben geschilderten Entwicklung zu gewinnen sind. Frühere Erdenleben in ihrer wahren, vollen Gestalt zu schauen, erlebt der Schüler auf dem Schulungswege erst, wenn er sich durch eine starke Steigerung seiner Liebeskräfte die intuitive Erkenntnisstufe, also die höchste der drei Stufen auf dem anthroposophischen Schulungsweg, erarbeitet hat.[93]

Von den Offenbarungen der geistigen Welt

Wer sich als Geistesschüler auf dem Schulungsweg um die Erlangung der Erkenntnisse von höheren Welten bemüht, sieht sich früher oder später vor Welten gestellt, deren Offenbarungen zu beschreiben ihm erhebliche Schwierigkeiten bereitet. Es treten Erlebnisse auf, die andersartig sind als das Erleben in der physischen Welt. Unserer Sprache fehlen deshalb die Worte, diese Erlebnisse unmittelbar wiederzugeben. Nur mit Umschreibungen können sie geschildert werden; jedoch wird sich ein genaues Verstehen dieser Umschreibungen in der Regel erst beim Sicheinstellen von ersten Selbsterfahrungen ergeben. – In den nachstehenden Ausführungen soll auf einige wichtige Offenbarungsweisen der geistigen Welt näher eingetreten werden.

Stummes Sprechen des Weltenwortes

Es gehört zu den grundlegenden Erfahrungen des Geistesschülers, daß er eines Tages, als Frucht eines längeren, regelmäßigen meditativen Lebens, erfährt, wie aus seinem alltäglichen Ich, in einem wachsenden

Geschehen, ein zweites Ich in ihm geboren wird. Es ist dies das Erwachen des Geistesschülers in seinem wahren Ich, in seinem Ewigkeitswesen, das sich als selbständiges Wesen seinem alltäglichen Ich, wie einem anderen Menschen, gegenübergestellt erlebt.[95] Im weiteren erfährt er in diesem Geschehen, daß seine Grundseelenkräfte, sein Denken, Fühlen und Wollen, selbständig geworden sind – sich in seinem meditativen Schaffen allmählich voneinander getrennt haben – und ihm in diesem neuen Zustand neue Aussagefähigkeiten offenbaren. Hierbei erlebt er, daß sein selbständig gewordenes Denken zu einem von objektiven Gefühlen und Willenskräften durchzogenen lebendigen Geschehen geworden ist und sein Denken mehr und mehr einen bildhaften, einen imaginativen Charakter erhält[96], aus dem die geistige Welt zu ihm spricht.[97] – Dieses lebendige Gedankenerleben, in dem sich dem Geistesschüler das Weltgedankenschaffen offenbart, wird von Rudolf Steiner charakterisiert als das «stumme Sprechen des Weltenwortes»[98], das uns entgegentönt. Das Weltenwort, also Göttergedanken, Welten schaffende Gedanken der Hierarchien sind es, die wir in unserem lebendig gewordenen Denken als zu uns sprechend erleben. – Was sie sprechen, ihre Inhalte, offenbaren sie uns in einem feinen geistigen Weben, und in diesem Weben verstehen wir das Gesprochene gedankenhaft, wie wenn im Alltag, mit unseren Ohren hörbar, etwas zu uns gesprochen wird und wir das Gesagte gedanklich verstehen. Doch kein äußerer Ton erklingt hierbei. Deshalb, um auf das Geschehen des Sprechens ohne ein äußeres Tönen hinzuweisen, verwendet Rudolf Steiner, zur Charakterisierung dieses Sprechens, die Formulierung einer «stummen Sprache», die zu uns ertönt. – Wir stehen hier vor einem Welterleben, das wir in unserer physischen Welt nicht kennenlernen können, das sich aber sofort manifestiert, wenn wir auch nur mit einem ersten Schritt die geistige Welt betreten. Wir müssen deshalb, wenn in unserem meditativen Erleben die ersten Offenbarungen der geistigen Welt auftreten, beobachten, wie sich dieses stumme Sprechen des Weltenwortes gestaltet und wie wir es erleben, um ein konkretes Verständnis zu gewinnen, wie sich die geistige Welt offenbart.

Das Erleben des stummen Tönens

Eine weitere Offenbarung der geistigen Welt besteht darin, daß sie sich im Geistesschüler durch das Erwecken einer reichen Abstufung von Gefühlen ausspricht. Darum steht der Geistesschüler vor dem Erfordernis, die Fähigkeit des Erlebens von objektiven Gefühlen zu erwerben, wie es im Aufsatz «Die Bedeutung der elementaren meditativen Übungen» einläßlich geschildert ist. Bei diesem Erwecken von Gefühlen spricht Rudolf Steiner von einem Tönen aus der Geisteswelt, denn so wie beim musikalischen Erleben durch die hörbaren Tonwelten reiche Gefühlswelten im Zuhörer erwachen, werden im Geistesschüler, wenn er die Fähigkeit des Erlebens von objektiven Gefühlen erworben hat, Gefühlswelten aus einem «stummen Tönen» erweckt; aus einem Tönen, das in den Dingen webt – durch das die Dinge erschaffen worden sind – und wodurch die Dinge dem Schüler ihre Eigenschaften offenbaren. Darum auch sagt Rudolf Steiner im Vortrag vom 16. März 1905[99], daß das eigentliche Geistige ein Tönendes ist. – Dieses Tönen hat, wie Rudolf Steiner in anderen Zusammenhängen erwähnt[100], seinen Urstand in den Welten des Devachan und tritt auf, wenn sich das vom Schüler im Astralleib Erarbeitete in seinem Ätherleib abdrückt und sich dadurch im Ätherleib das von Rudolf Steiner beschriebene wunderbare geistige Wahrnehmungsorgan erschafft.[101] Erst durch dieses Ätherorgan erwacht der Geistesschüler zum Erleben des Webens und Sprechens der ihn umgebenden geistigen Welt. Es erklingt in diesem Organ, wie Rudolf Steiner ausführt[102], der innere Sinn der Dinge, das innere Wort. Doch Anfänge des geistigen Tönens stellen sich im Schüler schon beim Werden des Organs ein.

Hören des inneren Wortes

In seinem Schulungsbuch «Wie erlangt man Erkenntnisse der höheren Welten?» gibt Rudolf Steiner eine

Schilderung des Wahrnehmens des inneren Wortes. Er sagt[103]: «Jetzt tönt es durch seine Seele [des Geistesschülers]. Eine innere Sprache – ein *inneres Wort* – hat sich ihm erschlossen. Beseligt im höchsten Grade fühlt sich der Geheimschüler, wenn er diesen Augenblick zum ersten Male erlebt. Über seine ganze Welt ergießt sich ein inneres Licht. Ein zweites Leben beginnt für ihn. Der Strom einer göttlichen, einer gottbeseligenden Welt ergießt sich durch ihn.» In diesem Erleben kündigt sich ihm das Erreichthaben der Stufe der Gottseligkeit an. Dieses Gefühlserlebnis darf jedoch nie zum Selbstzweck werden (sich in Seligkeit erfühlen zu wollen); es darf im Schüler nur erwachen, wie Rudolf Steiner im Vortrag vom 20. Oktober 1906[104] ausführt, «als das notwendige Gefühlselement, das den Menschen in die höheren Welten hinaufleitet, wo er über diese Welten nicht bloß denken darf, sondern in diesen Welten fühlen lernt».

In diesem geistigen Hören sind es die Dinge selber, die uns sagen, was sie sind, und wir hören hierbei, «was die Tiefe, das Wesen der Dinge ausmacht»[105].

Tonloses Weben in einer Weltmusik

Eine intime, in alle Einzelheiten gehende Schilderung des Erlebens des Weltenwortes gibt uns Rudolf Steiner in seinem Vortrag vom 1. Oktober 1920[106]. Sie sei hier wiedergegeben, weil sie dem Geistesschüler zum tieferen Verständnis der inspirativen Erkenntnisstufe unschätzbar wertvolle Hilfen geben kann. – Rudolf Steiner spricht zunächst davon, daß es Aufgabe unserer Zeit ist, in die imaginative Erkenntnis hinein zu kommen und unsere Begriffe mit Ideen und Inhalten zu erfüllen, so daß sie zu Bildern werden, und betont, daß unsere westliche Kultur nicht vorwärtskommen kann, ohne daß das gewöhnliche Denken durch die Entwicklung des imaginativen Denkens auf der einen Seite zur Imagination und auf der anderen zur Inspiration kommt. Wer diese Entwicklung «zu studieren vermag, was eigentlich in der Gegenwart mit der Menschheit vorgeht, was sich erst in den Anfangssymptomen zeigt, der weiß, wie, ich möchte sagen, aus der Tiefe der Menschheitsentwicklung herauf Kräfte steigen, die durchaus darauf hintendieren, daß eingeführt werde in diese Menschheitsentwicklung Inspiration und Imagination in der richtigen Weise».

Rudolf Steiner betont, «wenn man durch eine gewisse innere Selbstkultur, durch ein systematisches Sich-Schulen in einem bestimmten Vorstellen, durch ein Sich-Schulen im Leben der Vorstellungs- und Ideen- und Begriffswelt [...], weit genug gekommen ist, dann lernt man innerlich erkennen, was es heißt, in Inspiration leben». Wenn man, was sonst unbewußt in uns lebt, *in voller Bewußtheit ausübt,* wenn man sich hineinstellt in voller Bewußtheit in eine lebendige Mathematik, in eine lebendige Mechanik; «wenn man, mit anderen Worten, dasjenige, was sonst in uns wirkt,

Gleichgewichtssinn, Bewegungssinn, Lebenssinn, *aufnimmt in das volle Bewußtsein* [...], dann ist es so, *als ob man einschliefe [...] in eine neue Bewußtheit*» (aus der jetzigen Bewußtheit in eine neue Bewußtheit), die Rudolf Steiner wie folgt beschreibt:

«Man wächst hinüber in die Bewußtheit, die man zunächst etwas empfindet wie ein tonloses Weben, ja, ich kann es nicht anders nennen, wie ein *tonloses Weben in einer Weltmusik*. Man wird förmlich, so wie man durch sein Ich in den Kindheitsjahren sein Leib wird, *so wird man [in seinem Erleben] zu diesem Weben in einer tonlosen Weltmusik*. Dieses Weben in einer tonlosen Weltmusik gibt die andere, ganz streng zu beweisende Daseinsempfindung, daß man jetzt mit seinem Seelisch-Geistigen außerhalb seines Leibes ist.»

Alsdann charakterisiert Rudolf Steiner dieses Erleben noch intimer, indem er ausführt: «Man fängt an zu wissen, daß man auch sonst im Schlafe außerhalb seines Leibes mit seinem Seelisch-Geistigen ist. Aber durch das Erlebnis des Schlafes vibriert nicht hindurch dasjenige, was bei solchem bewußten Herausgehen aus dem Leibe durch die eigene Selbständigkeit dann hindurchvibriert, und man erlebt *zunächst* etwas wie *eine innere Unruhe [...] die bewußt einen musikalischen Charakter in sich trägt*, wenn man voll bewußt in sie untertaucht. Die, ich möchte sagen, hellt sich allmählich auf, indem aus dem Musikalischen, das man da erlebt, etwas wird wie ein *wortloses Wortoffenbaren* aus dem geistigen Weltenall heraus.»

Sodann erwähnt Rudolf Steiner: «Zunächst ist es nur ein Erleben, ich möchte sagen, ein musikalisch-tonloses Erleben. Dann aber ist es etwas, was sich heraushebt aus diesem tonlosen Erleben, so daß wir imstande sind, mit dem, was wir da erleben, ebenso innerlich sinnvollen Inhalt zu bekommen, wie wir äußerlich sinnvollen Inhalt vermittelt bekommen, wenn wir einem Menschen zuhören, der durch sinnliche Worte zu uns spricht. *Die geistige Welt beginnt einfach zu sprechen.*»

Und nunmehr schildert uns Rudolf Steiner das weitere Geschehen, indem er sagt, daß man in einer *nächsten Stufe* «nicht nur webt und lebt in einem tonlosen Musikalischen und nicht bloß vernimmt das Sprechen des übersinnlichen Geistigen, sondern daß man lernt konturieren dasjenige, was sich ankündet aus dem übersinnlichen Geistigen, *in Wesenhaftes;* daß sich einem gewissermaßen herausgliedern aus der allgemeinen Geistsprache, die man zunächst lernt, einzelne übersinnliche Wesenheiten, wie wir, indem wir auf einer niedrigeren Stufe einem Menschen zuhören, allmählich dasjenige, was sich von seiner Seele und seinem Geistigen offenbart, zu Wesenhaftem [...] kristallisieren und organisieren». Es tritt uns entgegen, «was in Wahrheit hinter den Erscheinungen der physisch-sinnlichen Welt steht».

Ein andere Schwierigkeit, die beim Hineinwachsen in die geistige Welt und beim Verstehen ihrer Offenbarungen erwächst, besteht darin, daß der Schüler mit Weltdimensionen vertraut werden muß, die in unser Raumerleben wohl hineinragen, die aber selber nicht räumlich sind. Der Autor hat diesen Gesichtspunkt im Aufsatz «Die seelisch-geistigen Erlebnisse auf dem Schulungsweg» (Abschnitt «Das Erleben in der Äther- und Astralwelt») besprochen. Hier sei noch auf weitere Ausführungen Rudolf Steiners hingewiesen, die uns helfen, dieses schwierige Problem zu verstehen. – Im Vortrag vom 2. Mai 1915[107] sagt er über das Raumerleben: «Der Raum hört aber auf, sobald man durch die Pforte des Todes oder *durch die Initiation* geht. Der Raum hat nur Bedeutung für die sinnliche Welt. Dasjenige, was wir betreten, ist die Zeit, und so wie wir hier Raumesohren und Raumesaugen gebrauchen, so gebrauchen wir dort zeitliche Vorgänge.» Im weiteren erwähnt er: «Ich weiß wohl, daß manche Seele da sein kann, die sich sagt: Aber ich kann mir gar nicht vorstellen, daß diese geistige Welt nicht räumlich ausgedehnt sein soll […] Wenn wir immer wieder und wieder alle höheren Welten nur nach dem Maßstabe, Musterbilde der physisch-räumlichen Welt vorstellen wollen, dann können wir wirkliche Gedanken über die höheren Welten […] nicht gewinnen, sondern höchstens bildhafte Gedanken.»

Als Hilfe für das Verstehen von Daseinsdimensionen, die nicht räumlich sind, gibt uns Rudolf Steiner in diesem Vortrag ein Beispiel aus dem Farberleben. Er sagt, daß wir uns «zum Beispiel üben müssen, Blau so zu erleben, als ob unser Wille, unsere Gemütskraft, hineingelassen würde in den Raum, und als ob von uns entgegenstrahlen könnte in den Raum dem, was uns als Blau entgegenstrahlt, etwas wie wenn wir ein Hingebungsvolles empfinden, als ob wir uns in den Raum hineinergießen könnten. Da strömt das eigene Wesen hinein, wo Blau ist, da fließt es fort. Da aber, wo *Gelb* ist, da will das eigene Wesen nicht hinein, das Willenswesen; da wird es zurückgestoßen. Da fühlt es, daß der Wille nicht durch kann und in sich selber zurückgestoßen wird.»

Weitere Beobachtungen, um unräumliche Daseinsbereiche zu erfassen, ergeben sich uns im Wahrnehmen des in uns sich abspielenden seelischen und geistigen Geschehens; wie uns zum Beispiel ein Gefühl, das wir haben, uns einem Menschen nahe oder fern stehen läßt; sich im Gefühl also eine Dimension offenbaren kann, die nicht räumlich ist. Aber auch bei den Meditationsvorgängen können wir das Wirken von unräumlichen Welten beobachten. Zum Beispiel, wenn wir vom noch räumlich empfundenen Erleben in der Ätherwelt übergehen zum Erleben im Astralleib, oder im Ich, und dabei empfinden, wie wir uns im Erleben im Astralleib herausheben aus dem Welterleben, das uns im Ätherleib erfüllt, und hierbei ein neues, ein unräumliches Welterleben erwacht. Oder, wenn wir uns im Ich erfassen, wie wir uns dabei wieder in einer anderen Welt, in einer punktuell erlebten Welt erleben. Mit solchen Vorstellungen können wir uns an das Verständnis der Aussage herantasten, daß die Welt, die wir im Tode oder in der Initiation betreten, nicht räumlich ist, und können in der Meditation immer deutlicher beobachten, wie die eigentliche geistige Welt, in die wir hineinwachsen wollen, keine räumliche, sondern zwei oder punktuelle Dimensionen hat. Zu beachten ist hierbei, daß wir im Erleben der Ätherwelt, die noch räumlich empfunden wird, die eigentliche geistige Welt noch nicht betreten haben.[108] Erst im Weiterschreiten beim Hineinwachsen in die sich im inspirativen Erleben erschließende geistige Welt wachsen wir in die eigentliche geistige Welt hinein.

Imaginatives, inspiratives und intuitives Erleben – Das Hineintreten in die geistige Welt

Eingetreten sei noch auf die Frage, wie sich die geistige Welt auf den drei von Rudolf Steiner beschriebenen übersinnlichen Bewußtseinsstufen, der imaginativen, inspirativen und intuitiven Stufe, offenbart. Im imaginativen Erleben erfahren wir, wie darin vor allem die Geschehnisse in unserer Seele und in unserem Körper – unsere Gedanken und Gefühle, aber auch unsere Organe oder Organprozesse – in bildhaft werdenden Gedanken vor uns treten. Darum sagt Rudolf Steiner[109], daß wir durch Imaginationen unsere innere Welt begreifen lernen. – Wie diese Imaginationen erwachen, hat der Autor im Artikel «Das Erwachen des imaginativen Bewußtseins. Die Frage: Imagination oder Vision»[110] behandelt. Er wies dort unter anderem auf die Aussage Rudolf Steiners im Vortrag vom 10. April 1922[111] hin, daß die Imaginationen, die sich auf dem Schulungsweg einstellen, verstärkte Gedanken sind, welche mit der Intensität von Bildern auftreten und somit wie sinnliche Bilder wirken, «trotzdem sie zunächst nur Gedanken sind». Ein Denker habe solche Imaginationen, erwähnt er im Vortrag vom 13. November 1909[112], wogegen sich beim Nichtdenker die geistige Welt in Visionen offenbare; zum Beispiel sehe er «eine Engelsgestalt, dieses oder jenes Symbolum, das dieses oder jenes ausdrückt, meinetwillen ein Kreuz, eine Monstranz, einen Kelch». Dieses ist da im übersinnlichen Felde als fertiges Bild. Das ist aber keine Wirklichkeit, bemerkt er, sondern nur ein Bild. Der Geistesschüler erlebt die geistige Welt jedoch nicht nur in einer Bildaussage, sondern in ihrer Wirklichkeit und drückt sein Erlebnis dann derart aus, wie es Rudolf Steiner im Vortrag vom 20. August 1923[113] schildert, wo er sagt:

«[...] man kann dann erkennen, wenn einem in der geistigen Welt etwas so attackierend entgegenkommt, wie das Rot in der physischen Welt attackierend ist, daß dies entspricht der roten Farbe. Wenn einem etwas entgegenkommt, demgegenüber man in die Stimmung der Demut kommt, so ist das dasselbe Erlebnis wie in der physischen Welt das Erlebnis der blauen oder blauvioletten Farbe, und man kann in abgekürzter Redeweise sagen, man habe Rot, man habe Blau in der geistigen Welt erlebt. Sonst müßte man immer, wenn man genau sprechen wollte, sagen, man habe so etwas erlebt, wie man erlebt, wenn man in der Welt Rot oder Blau schaut. Damit man diese fortwährende lange Ausdrucksweise nicht habe, kürzt man sie ab und spricht davon, daß man ein aurisches Sehen hat, [...], das sich differenziert nach Rot, Grün, Blau und so weiter.»

Es treten auf dem anthroposophischen Schulungsweg beim Erwachen des imaginativen Erlebens also keine intensiven Bilder wie bei Visionen oder im Traumgeschehen auf. – Als persönliche Erfahrung sei hier erwähnt, daß der Autor, hinsichtlich der Entwicklung des imaginativen Denkens, in seinem jahrzehntelangen meditativen Schaffen beobachten konnte, wie seine Gedanken in der Meditation nach und nach immer kraftvoller und dichter sowie in zarten Tönen bildhaft, und hierbei zu ihn umgebenden Gebilden geworden sind, an deren Konsistenz es sich, trotz aller Feinheit, «wie stoßen läßt». In diesem Geschehen bestätigt sich, was Rudolf Steiner über die Entwicklung des imaginativen Denkens im Vortrag vom 14. Februar 1915[114] ausführt, daß nur blasse Bilder auftreten und daß das neue Hellsehen dadurch, «daß es blaß auftritt», schwierig ist und «daß man sich erst durch große Anstrengungen derjenigen Kräfte, die die Kräfte sind des Menschen zwischen Geburt und Tod, zu dem wahren Hellsehen hin entwickelt». – Die Frage, bis zu welchem Grade sich die bildhaft gewordenen Gedanken im Schaffen auf dem anthroposophischen Schulungsweg verdichten, muß offen gelassen werden. Doch ist die vorerwähnte Verdichtung der Gedanken ausreichend, um im inspirativen und intuitiven Erleben das Betreten der eigentlichen geistigen Welt verwirklichen zu können. Dieses vollzieht sich, in Kürze geschildert, wie folgt:

Auf der imaginativen Bewußtseinsstufe, die der Geistesschüler zunächst erlebt, offenbart sich ihm die geistige Welt noch auf bildhafte Weise; nur in Gedankenbildern spricht sie zu ihm. Das eigentliche Hineintreten in die geistige Welt erfährt er erst auf der inspirativen Bewußtseinsstufe, wenn er im Zustand des leeren Bewußtseins erlebt, wie sie kraftend, geistlebendig ihn durchdringt. Von Gefühl und Wille durchdrungene Geistgedanken dringen dann, linear erlebt, in ihn ein, und es ist, wie Rudolf Steiner ausführt[115], die äußere Welt, die sich ihm in diesem inspirativen Erleben vor allem offenbart.

Ein volles Hineintreten des Geistesschülers in die geistige Welt verwirklicht sich jedoch erst auf der dritten, auf der intuitiven Bewußtseinsstufe, wenn der Schüler in seinem meditativen Schaffen schon eine hohe Stufe der Leibfreiheit erreicht hat und er, durch das Leibfreigewordensein seiner Willenskräfte, in die Dinge immer intensiver untertauchen und, eins werdend mit ihnen, bewußtseinsmäßig in ihnen leben kann.

Auch beim Verstehen der Erlebnisse auf der imaginativen, inspirativen und intuitiven Bewußtseinsstufe ist zu berücksichtigen, was einleitend erwähnt worden ist, daß sich dem Schüler genaue Vorstellungen vom Gesagten in der Regel erst beim allmählichen Sicheinstellen von ersten Selbsterfahrungen ergeben.

Das Erwachen des zweiten, dritten und vierten Menschen

Das Erwachen des zweiten Menschen

Im meditativen Schaffen erwacht im Geistesschüler, wie in diesen Aufsätzen wiederholt geschildert, allmählich ein *zweiter Mensch*[116], der sich in vielseitigen Aspekten manifestiert. In diesem Aufsatz sei aufgezeigt, wie sich dieser Mensch im Lebendigwerden der Gedanken offenbart, indem die Gedanken ein Eigenleben zu entwickeln beginnen, das abgeschattet schon im abstrakten Gedankenleben des Menschen, in den Beziehungen, welche die Gedanken zueinander haben, wirksam ist.

Wenn die Gedanken durch das meditative Arbeiten, von Gefühl und Willenskraft durchdrungen, eine neue Gestalt annehmen, in der sie zu lebendigen Gebilden werden, tritt auch in den Beziehungen der Gedanken zueinander etwas Neues auf. Die Gedanken beginnen aus ihrem Kraftenden heraus wie Wesen in gegenseitige Beziehung zu treten, indem sie sich, wenn sie Verwandtschaft zueinander haben, gegenseitig suchen, oder, wenn die Verwandtschaft fehlt, sich voneinander abwenden. Die Beobachtung dieses feinen, lebendigen Gedankenwebens in der Meditation vermittelt dem Schüler eine erste wichtige Geisterfahrung. – Seine meditativen Bemühungen haben in der Regel lange Zeit hindurch das Erreichen dieses Zustands des Gedankenlebens zum Ziel, denn er stellt sich erst ein, wenn sich durch sein meditatives Schaffen sein Ätherleib mehr und mehr von seiner starken Bindung an das physische Gehirn zu lösen beginnt. Geschieht es, so tritt das Erleben der Ätherwelt auf, wie es im Aufsatz «Die seelisch-geistigen Erlebnisse auf dem Schulungsweg» geschildert worden ist.

Wie schon wiederholt erwähnt, wird mit dem Erreichen des Sich-Einlebens in die Ätherwelt die eigentliche geistige Welt noch nicht betreten. Sie spricht erst als Bildaussage zum Schüler, in Gestalt des lebendigen Denkens.

In diesem Äthererleben klingt noch ein gewisses räumliches Empfinden mit. Doch ist das Wesentliche in der ätherischen Welt, daß der Schüler eine Welt betreten hat, in der die Zeit und nicht der Raum das Maßgebende ist. Er bewegt sich in ihr in Zeitabläufen, in einer Abfolge von Geschehnissen. Dabei lebt er aktuell immer in einem bestimmten Tatbestand, den er wieder verläßt, um in einen anderen überzugehen.

Das hellseherische Erleben der Ätherwelt vollzieht sich, wie Rudolf Steiner ausführt[117], durch das Auferwecken des Ätherleibs und verwirklicht sich dadurch, daß der Geistesschüler zu einem Wesen, zum Beispiel zu einer bestimmten Pflanze, eine Beziehung herstellt, indem er sich meditativ in sie versenkt. Eine andere Pflanze kann er indessen erst dann erleben, wenn er auch zu ihr eine bewußte meditative Beziehung hergestellt hat. Rudolf Steiner sagt darüber: «Da müssen Sie die ganze Welt absuchen, da muß man für jedes einzelne Wesen den Ätherleib immer wieder und wieder erwecken. Denn man stellt nur *eine* Beziehung, *eine* Verwandtschaft her zu dem, was man einmal gesehen hat, wofür man einmal den Ätherleib erweckt hat, und muß immer neue Beziehungen erwecken. Das kann der Ätherleib allein nicht. [...] er kann nur immer zu demselben Wesen zurückkehren, oder er kann warten, bis er präpariert ist, um andere Wesen zu sehen.» In Fortsetzung dieser Ausführungen erwähnt Rudolf Steiner, daß der Ätherleib für das gewöhnliche Leben immerfort schlafend ist und für das übersinnliche Erleben erweckt werden muß, und weist darauf hin, daß der Erwecker des Ätherleibes der Astralleib ist, der die tätige Herrschaft über den Ätherleib ausübt und ihn Stück für Stück auferweckt. Dazu führt er aus: «sich erleben im Astralleib heißt zunächst: sich erfühlen in einer Art innerer Kraftwesenheit, welche imstande ist, nach und nach – Stück für Stück – den schlafenden elementarischen Leib zum bewußten Leben zu erwecken.»

Das Erwachen des dritten Menschen

Eine ganz neue, unräumliche Welt beginnt sich zu offenbaren, wenn der Geistesschüler sich in seiner inneren Entwicklung um die Herstellung des leeren Bewußtseins bemüht. Hierbei erwacht in ihm ein *dritter Mensch*, der *im Astralleib* veranlagt ist und wodurch der Astralleib durch das meditative Schaffen einen Innenraum, eine Art mentalen Hohlraum, in sich ausgestaltet[118], in den die geistige Welt (die niedere und höhere devachanische Welt)[119], den Menschen inspirierend, lebendig kraftend eindringen kann. In diesem Innenraum wird der Zustand des tiefen Schweigens erreicht, zu dem Rudolf Steiner ausführt (indem er einen anderen Aspekt des Geschehens im leeren Bewußtsein aufzeigt)[120], daß er eintritt, wenn der Schüler die Kraft, die in der Sprache lebt, nicht bis zum Sprechen, sondern nur bis zum Kehlkopf wirken läßt. Seine derart leibfrei gewordene Sprachkraft wird dann von der geistigen Welt ergriffen, und in diesem tiefen Schweigen beginnt der Geist zu ihm zu sprechen. Rudolf Steiner bemerkt hierzu[121], daß dasjenige, was von hinten an den Schüler herankommt, am Kehlkopf aufhört und daß da, statt daß die irdische Sprache zu sprechen beginnt, eine geistige Sprache da ist. – Dieses Inspirationsgeschehen erlebt der Schüler, ihn aus der geistigen Welt unmittelbar erfüllend, in lebendigen Worten, wobei er erfährt, was ihm mantrische Worte oder Geisterkenntnisse geistlebendig offenbaren wollen. In der Esoterischen Stunde vom 7. Juni 1912[122] führt Rudolf Steiner über diese Offenbarung aus: Es kann in der Seele aufsteigen *entweder etwas ganz Neues,* «was wir nie geahnt oder gehört haben, oder ein lebendiges Schauen der okkulten Tatsachen, die wir im exoterischen Leben empfangen haben». *«Die theosophischen Lehren treten (dann) wie neu auf, werden scheinend, dringen ins Herz hinein.* Man fühlt es wie eine Sonne, die ausstrahlt.» Doch, fügt er hinzu: «Es ist ungeheuer mehr Kraft notwendig für eigene Entdeckung als für verständnisvolles Nach-Verstehen einer gefundenen Tatsache.» Es ist deshalb verständlich, daß der Geistesschüler, beim Erleben der geistigen Welt im Zustand des leeren Bewußtseins, wohl während längerer Zeit vor allem das lebendige Erfassen der Aussagen des Geistesforschers und erst nach und nach ganz Neues erfährt.

Das Erwachen des vierten Menschen

Im Menschen ruht aber noch ein *vierter Mensch,* der zum Erwachen kommen kann, und welcher erwacht, wenn sich der Schüler um die Erweckung des *intuitiven Erlebens* bemüht. Dann eröffnet sich ihm ein Welterleben, das ihm wiederum andere Weltdimensionen erschließt als die auf der imaginativen und inspirativen Erkenntnisstufe erfahrenen. Es tritt nunmehr, wie im Aufsatz «Von den Offenbarungen der geistigen Welt» erwähnt, ein punktuelles Welterleben in ihm auf.

Sein Erwachtsein im Wesenskern, das sich auf dem Schulungsweg zunächst in ihm verwirklicht hat, erfährt im intuitiven Erleben eine Steigerung, indem der Schüler lernt, aus seinem höheren Ich heraus seine Liebe- und Hingabefähigkeit in solcher Stärke zu entwickeln, daß er für die Augenblicke des intuitiven Erlebens sein alltägliches Erden-Ich vollständig übersehen kann und fähig ist, *mit den Dingen ganz eins zu werden.* «Liebe ist», sagt Rudolf Steiner[123], «das Aufgehen des eigenen Wesens in dem anderen. Das muß so stark sein, daß man des eigenen Ich, wie es im Irdischen lebt, nicht mehr achtet. Dann tritt der Widerspruch auf, daß man gerade durch Selbstlosigkeit, durch höchste Liebefähigkeit an das eigene wahre Ich herandringt, das in der Ferne der Zeiten dann uns entgegenleuchtet. Man muß schon sein Erden-Ich verlieren, um sein wirkliches wahres Ich in der Anschauung zu bekommen.»

Im Erleben seines wahren Ich beginnt der Schüler zu erfahren, daß mit seinem Ich die intensivsten Weltgestaltungskräfte, die Willenskräfte, verbunden sind und daß das *Ich substantiell aus Wille besteht.* Rudolf Steiner hat uns viele Hinweise gegeben, um uns das Geheimnis der Willenskräfte zu erschließen, die geheimnisvoll im Hintergrund unseres Willens wirken. Er weist zum Beispiel darauf hin, daß wir uns überall, wo im physischen Leibe Verbrennungsprozesse wirken, in einer schöpferischen Welt erfühlen[124], in der die moralisch-geistigen Impulse das einzig Wirkliche sind, und daß aus dieser Welt «ein Tropfen» als vierter Mensch in uns waltet.[125] Am flutenden und waltenden

Weltenwillen, der unsere Welt gestaltet, erwähnt er, nehmen wir selber teil und erleben in uns, in den Verbrennungsprozessen, daß auch unser menschlicher Wille sprüht und gestaltet als ein überall vom Geiste durchsetzter sprühender Wille, und *darin erfühlen wir uns in unserem vierten Menschen.*[126]

In dem Willen, in dem, was im Menschen drängt und kraftet, sind, nach der Aussage Rudolf Steiners, auch die moralischen Impulse aus seinem vorigen Erdenleben innewohnend, und dieser vierte Mensch ist zugleich der Schöpfer seiner grundlegenden Schicksale.[127]

Das Erwachen des dritten und vierten Menschen erschließt dem Geistesschüler jedoch nicht nur die geschilderten Welten, sondern erweckt in ihm überdies die Fähigkeit zu tieferem hellseherischen Erleben. Das geschilderte Leibfreiwerden der Sprachkräfte befähigt ihn, das Geistige in den Worten zu erleben und sich im inspirativen Erleben durch den Wortsinn in die geistige Welt hineinzuleben.[128] Durch das Geistige in den Worten wird er unmittelbar in die Weltinhalte, von denen sie ihm künden, versetzt. Und zufolge des Leibfreiwerdens seiner Willenskräfte kann er, wie in diesen Aufsätzen geschildert[129], durch die Entwicklung des umgekehrten Willens, sich willentlich in alle Dinge hineinerstrecken, um, ausgehend von ihren Regungen, bewußtseinsmäßig unmittelbar mit ihnen zusammenzuwachsen und zu leben.

Das Sich-Erschaffen durch sich selbst

Sich selber zu erschaffen in der Geistgestalt, die im Menschen veranlagt ist und zu der er im Laufe seiner Entwicklung werden soll, ist zunächst das zentrale Ziel des Geistesschülers im Arbeiten auf dem Schulungswege zur Erlangung der Erkenntnisse von höheren Welten. Auf diese Zielsetzung hat Rudolf Steiner schon bei der Begründung der von 1904 bis 1914 bestehenden Esoterischen Schule hingewiesen. In einem Brief vom 11. August 1904[130] an Doris und Franz Paulus in Stuttgart führt er dazu aus: «Sie meinen, wenn man in der Meditation die Worte, die eigentlich selbstverständlich sind, wiederhole, so sei das doch zwecklos. Das aber ist nicht der Fall. Käme es auf das *Wissen* an, dann wäre es zwecklos. Aber es kommt eben darauf an, daß man wieder und immer wieder *durch sich selbst* erlebt, was man sein soll, und was man selbsttätig aus sich machen soll.»

Meditationen, die den Geistesschüler dazu führen, täglich durch sich selbst zu erleben, was man sein soll, dürften ihn somit in seiner Entwicklung am raschesten voranbringen. Eine solche Meditation ist die im Artikel «Zur Meditation ‹Es denkt – Sie fühlt – Er will›[131] geschilderte. Wenn der Schüler voll durchdrungen ist von der dort beschriebenen gewandelten Gestalt seines Denkens, Fühlens und Wollens, indem er sein Denken erlebt als «Es denkt mich», seinen Willen als «Es wirkt mich» und sein Fühlen als «Es webt mich», so erfährt er, wie dargelegt, daß Weltenkräfte an ihm wirken und seine Geistgestalt in ihm zum Erwachen bringen.

Bei diesem Erleben ist es von großer Bedeutung, daß sich der Schüler im Augenblick, wo die neuen Seelenkräfte in ihm erwachen, sich der Situation, in der er sich nunmehr befindet, voll bewußt wird. Er soll sich erkraftet fühlen im erwachten Ich-bin-Erleben und als lebend in einer vorher noch nicht erwacht gewesenen höheren Welt. Ebenso soll er den Unterschied zwischen dem von Gefühl und Wille durchdrungenen lebendig gewordenen Weltendenken, das sich auf dem Schauplatz seiner Seele ausspricht, und seinem bisherigen toten, intellektuellen Denken ins Bewußtsein rufen. Dasselbe Erlebnis soll sich im lebendig gewordenen Fühlen einstellen sowie beim Erleben des kraftenden Willens.

Rudolf Steiner hat diese Erlebnisweise – auf alle Erlebnisnuancen eintretend – in den Artikeln «Zwei allgemein gegebene Hauptübungen» und «Erklärungen zu den beiden vorhergehenden allgemein gegebenen Hauptübungen», die im Büchlein «Anweisungen für eine esoterische Schulung»[132] veröffentlicht worden sind, eingehend beschrieben. Sie sei hier wiedergegeben, da diese Schilderungen beim Arbeiten auf dem Schulungsweg – beim täglichen Sichversenken in den Menschen, der wir werden sollen – von grundlegender Bedeutung sind.

Erleben des «Ich bin»

Zunächst soll sich der Schüler, wie schon erwähnt, seinem erwachten Erleben im Wesenskern zuwenden, indem er, unter Konzentration auf den Punkt zwischen und hinter der Nasenwurzel, den Inhalt des Wortes «Ich bin» erlebt. Dabei erfühlt er sich als in eine höhere Welt versenkt. Bald wird ihm, führt Rudolf Steiner aus, dieser Ich-bin-Gedanke zeigen, «wie wenn er Licht ausströmte. In diesem inneren Lichtausströmen fühlt sich der Mensch froh und daseinsfreudig. Ein Gefühl durchdringt ihn, das man ‹mit freudiger Liebe am schöpferischen Dasein› bezeichnen kann. Und dem Willen teilt sich eine Kraft mit, wie wenn ihn der genannte Gedanke mit Wärme durchstrahlt, die ihn energisch macht. Das alles kann der Mensch saugen aus der geschilderten richtigen Versenkung in das ‹Ich bin›. Der Mensch wird nach und nach erkennen, daß intellektuelle, seelische und moralische Kraft höchster Art auf diese Weise in ihm geboren wird, und daß er sich dadurch in ein immer mehr bewußtes Verhältnis bringt zu einer höheren Welt.»

Erleben des «Es denkt»

Erlebt sich der Geistesschüler derart in seinem Wesenskern, so kann er sich seinem auf dem Schauplatz seiner Seele auftretenden gewandelten Denken zuwenden. Rudolf Steiner bemerkt hierzu: «Wenn [...] der esoterisch Strebende sich [...] ganz in den Satz ‹Es denkt› versenkt und dabei das Bewußtsein auf die Gegend des Kehlkopfes hin konzentriert, so erlebt er die schöpferische Seelenkraft, welche sich von den oberen Welten her in dem Schaffen der Sprachorgane kundgegeben hat. Wenn er wieder die oben gezeichnete Geduld hat, so wird er erleben, wie aus dem ‹Es denkt› Strahlungen ausgehen, die wie der Ausgangspunkt einer geistigen musikalischen Harmonie sind, und die ihn mit einem Gefühl heiliger Frömmigkeit erfüllen und zugleich mit einer Kraft, die ihm sagt: ‹Was ich als Mensch will, wird nach und nach immer weiser werden›. Er wird eine Ahnung von jener Kraft erhalten, welche als göttlich-geistige Kraft sich durch das Weltenall ergießt, und welche alle Dinge nach Maß, Zahl und Gewicht ordnet.»

Erleben des «Sie fühlt»

Eine andere Erlebnisweise erschließt sich dem Geistesschüler, wenn er sich mit dem Erleben der Weltenseele durch die meditative Versenkung in den Satz

«Sie fühlt» erfüllt. Er erhebt sich hierbei zu den Schaffenskräften der höheren Welten, die seine Hände zu Arbeitsorganen gestaltet haben. «Er muß nur», führt Rudolf Steiner aus, «bei dem ‹Sie fühlt› das ganze Bewußtsein auf die beiden Arme und Hände konzentrieren. Es wird ihm dann aus dem Gedanken ‹Sie fühlt› ein inneres Leben ausströmen von unbeschreiblicher Seligkeit. Man kann dieses Gefühl als das der Liebe im tätigen Dasein bezeichnen. Der Mensch erhält dadurch ein Bewußtsein, wie die schaffende Liebe durch den Weltenraum hinflutet und durch ihre Tat in alles den belebenden Hauch einführt» (an anderer Stelle[133] spricht Rudolf Steiner, im Zusammenhang mit einer Atemübung, davon, daß man sich beim Gedanken «Sie fühlt» auf das Herz konzentrieren soll).

Erleben des «Er will»

Wiederum eine andere Erlebniswelt eröffnet sich dem Geistesschüler durch die Versenkung in den Satz «Er will». Rudolf Steiner bemerkt hierzu: «Es war die Kraft dieses Satzes, durch welche in urferner Vergangenheit der menschliche Leib überhaupt erst als eine selbständige Wesenheit von seiner Umgebung herausgegliedert worden ist. [...] Wenn nun der esoterisch Strebende sich wieder mit seinem ganzen Denken, Fühlen und Wollen in das ‹Er will› versenkt und dabei das Bewußtsein auf die ganze äußere Hautoberfläche konzentriert, so versetzt er sich allmählich in die hohen Schöpferkräfte des ‹Er will›. Es sind das jene Kräfte der übersinnlichen Welt, durch welche den sinnlichen Dingen ihre Form und Gestalt gegeben wird. Der Mensch wird, wenn er genügend Ausdauer hat, in dem innerlichen Erleben dieses Gedankens etwas fühlen, wie wenn er über alles sinnlich-körperliche Dasein hinausgehoben wäre und herabblickte auf das Feld des sinnlichen Schaffens, um auf diesem zu wirken, so wie es den in der Geisteswelt gewonnenen göttlichen Gedanken entspricht. Die Kraft, die von dem Gedanken ausgeht, ist die des wonnigen Versetztseins in die reine Geistigkeit und der Gewinn des Bewußtseins, daß man dieser sinnlichen Welt aus höheren Regionen das zuführen kann, was sie braucht.» Auch hinsichtlich der Meditation «Er will» gibt Rudolf Steiner im Zusammenhang mit der schon erwähnten Atemübung noch eine andere Angabe. Er sagt, man «konzentriere sich dabei auf den Nabel, indem man sich dabei in Gedanken Strahlen zieht, die den ganzen Unterleib durchziehen». – Atemübungen wie die hier beschriebenen hat Rudolf Steiner in der Folge nur noch vereinzelt gegeben. Er wies jedoch in der «Geheimwissenschaft im Umriß»[134] darauf hin, daß es «das Ideal der Entwicklung ist, daß durch den physischen Leib gar keine Übungen, auch nicht solche Atemübungen gemacht würden, sondern daß alles, was mit dem physischen Leib zu geschehen hat, sich *nur* als eine Folge der reinen Intuitionsübungen einstelle». (Für Näheres sei auf den einläßlichen Artikel «Zu den Atemübungen» von Hella Wiesberger[135] verwiesen.)

Erwachen des höheren Menschen

Widmet sich der Geistesschüler möglichst oft dem geschilderten Erleben, so ersteht in ihm allmählich der höhere Mensch, der er werden soll. Und so, wie Rudolf Steiner bezüglich der Bildung der hellseherischen Wahrnehmungsorgane sagt[136], daß die entsprechenden Meditationen tausendmal wiederholt werden müssen, damit sich im Schüler die Seelenströmungen erbilden, die zu den Lotusblumen werden, erbildet sich auch sein wahres Wesen nur, indem er wieder und immer wieder in sich erlebt, was er sein und selbsttätig aus sich machen soll.

Hat sich diese Wesensbildung in ihm in jahrelangem ausdauerndem Arbeiten bis zu einer gewissen Stufe verwirklicht, so kann der Geistesschüler den neuen Menschen in sich jederzeit wachrufen, wenn er sich auf ihn besinnt. Er fühlt sich dann, erwacht in seinem Wesenskern, als ruhend im Mittelpunkt seiner Seele, so daß er von da aus – wie es Rudolf Steiner einmal formuliert – auf sein gewandeltes Denken, Fühlen und Wollen wie auf drei Felder schauen und dabei wahrnehmen kann, was ihm jedes dieser Felder an Geisterlebnissen erschließt.

Zum Erwachen im Wesenskern führt selbstverständlich auch alles übrige meditative Schaffen. Doch bei den auftretenden Geistgeschehnissen ist das Wesenskernerwachen und damit verbunden das Leibfreiwerden des Wesenskerns die erste zu erreichende markante Stufe auf dem Wege zur Erlangung der Erkenntnisse der höheren Welten.

Als Rudolf Steiner die Einladung erhielt, im April 1911 auf dem vierten Internationalen Philosophenkongreß in Bologna über die Theosophie zu sprechen, sagte er über das geschilderte Wesenskernerwachen unter dem Thema «Die psychologischen Grundlagen und die erkenntnistheoretische Stellung der Theosophie»: «Die Seeelenverfassung des Geistesforschers kann nur so verstanden werden, daß in ihr die Illusion des gewöhnlichen Bewußtseins überwunden ist, und daß ein Ausgangspunkt des Seelenlebens gewonnen wird, der den menschlichen *Wesenskern real in freier Loslösung von der Leibesorganisation erlebt. Alles weitere,* was dann durch Übungen erreicht wird, *ist nur ein tieferes Hineingraben in das Transzendente.*»[137]

Ist der Schüler auf die geschilderte Weise in seinem Wesenskern erwacht, so erlebt er, was Rudolf Steiner hier erwähnt, daß ihn nunmehr alles weitere meditative Schaffen mehr und mehr in die geistige Welt hineinwachsen läßt.[138]

Erwähnt sei noch, daß sich das Erwecken der besprochenen Erlebniskreise, nach den Erfahrungen des Autors, erst allmählich vollzieht. Es ist deshalb zu empfehlen, daß der Schüler in seinem Üben mit dem Ich-bin-Erlebnis beginnt und erst nach und nach, immer mehr die Einzelheiten beachtend, sich in die anderen Erlebnisse hineinlebt, bis er nach längerem Schaffen allmählich das Ganze in sich erstehen lassen kann.

Das selbständige hellseherische Forschen

Bei allen Erlebnissen auf dem Schulungsweg ist zu beachten, daß es niedere und höhere Erlebnisstufen gibt und daß ein Schüler, wenn er nicht in früheren Erdenleben erworbene besondere Fähigkeiten besitzt, zunächst erst die niederen Stufen des Hineinlebens in die geistige Welt erreichen kann. Seine Erfahrungen im Erschaffen des Menschen in sich, der hellseherisch erleben kann, das Hineintreten in das Weben und Wirken der geistigen Welt und anderes mehr erschließen ihm indessen eine solche Fülle von Selbsterfahrungen, daß ihn deren Bewältigung in der Regel schon auf ersten Stufen vollumfänglich in Anspruch nimmt.

In seinem Vortrag über die großen Eingeweihten vom 16. März 1907[139] spricht Rudolf Steiner von vier Stufen des Geistesschülers oder Chelas, die er erreichen kann, und ordnet die in diesem Büchlein geschilderten geistigen Erlebnisse im wesentlichen den ersten drei Stufen zu. Über der vierten Stufe, erwähnt er, liegen die Grade der großen Eingeweihten. Angesichts dessen ist es verständlich, daß der Geistesschüler die auf dem Schulungsweg auftretenden Erlebnisse nur bis zu einem gewissen Grad erkenntnismäßig selber durchdringen kann und für vieles, zum Beispiel um zu Erkennen, welche hierarchischen Wesen in den auftretenden Erlebnissen wirken, lange Zeit auf die Forschungsaussagen Rudolf Steiners angewiesen ist. Es darf deshalb aber nicht eingewendet werden, daß der Schüler nur das von Rudolf Steiner Geschilderte vertritt. Seine Selbsterfahrungen im Erleben der sich einstellenden geistigen Geschehnisse – zum Beispiel das Erwachen in seinem Wesenskern oder seine Erlebnisse beim Eintreten in die geistige Welt – sind ein reiches Feld, um eigene geistige Erfahrungen beschreiben zu können. Selbständiges geistiges Forschen besteht auch darin, die Wirklichkeit des Schulungsweges in allen Einzelheiten persönlich zu erfahren und zu erkennen.

Vom Christus-Erlebnis im Erwachen des höheren Ich und vom Erleben im Heiligen Geist

In den vorhergehenden Kapiteln ist wiederholt davon gesprochen worden, daß der Geistesschüler beim Hineinwachsen in die geistige Welt als erstes markantes Erlebnis erfährt, wie aus seinem alltäglichen Ich-Erleben allmählich ein neues Ich erwacht, das sich seinem bisherigen Ich beobachtend, und es leitend in seinem Handeln, gegenüberstellen kann. Darin empfindet sich der Schüler als lebend in seinem eigentlichen Wesen, in seinem durch die Inkarnationen schreitenden Ewigkeitswesen, und er fühlt dieses Wesen als kraftend und urständend in einer höheren Welt. Rudolf Steiner sagt über dieses Erleben in einer Aufzeichnung, in der er über das Werden des Menschen und sein Ich-Erleben unerschöpfliche Tiefen und Geheimnisse enthüllt[140]: «Der Mensch steigt in sein eigenes Inneres hinunter [...], dann findet er den eigentlichen Mittelpunkt seines eigenen Wesens, *da strahlt ihm das Christus-Licht entgegen.*» – Nach diesen Worten ist es die Christus-Wesenheit, welcher der Mensch beim Erleben in seinem wahren Ich begegnet und in der er den Urstand seines wahren Ich erkennen kann. Und je mehr sich der Geistesschüler in diesem Ich erlebt, desto mehr erfüllt ihn, was der Apostel Paulus mit den Worten ausspricht: «Nicht mehr ich, sondern Christus in mir.»[141]

Doch kann sich dieses Christus-Erlebnis erweitern, so daß es nicht nur als Wesenskern-Erlebnis erfahren wird. In der gleichen Aufzeichnung sagt Rudolf Steiner darüber: «Im Innern der Seele lebt die Christus-Kraft, im selbstbewußten geistigen Kern, in der Ich-Kraft. Über die Leibeshüllen hinaus lebt sie sich dar als der Geist aller Dinge, der Heilige Geist, als eine höhere Ich-Kraft, die das wahre, unvergängliche Zentrum alles Seins ist.»

Von einem erweiterten Wesenskern-Erleben spricht Rudolf Steiner auch bei der Schilderung des ersten Erwachens des Menschen in seinem höheren Ich. In der Esoterischen Stunde vom 29. November 1907[142] führt er aus: «Das Ich ist nicht nur ein Punkt, der sich allmählich durch Herauswachsen der Stirnpartie und das Einziehen des Ätherkörpers an der oberen Nasenwurzel vereinigt hat, sondern es existiert noch *ein zweiter Punkt von ihm*. Die Verbindungslinie zu diesem wechselt, die Richtung dieser Linie weist nach dem Mittelpunkt der Sonne. Je mehr sich der Mensch entwickelt, desto näher kommen sich die (beiden) Punkte. Der sich entwickelnde Mensch muß sich in diesen zweiten Punkt versetzen, das heißt nach außen, und er muß lernen (von dort aus) auf seinen Körper zu blicken wie auf sonst etwas Physisches außer ihm (Tat tvam asi = berühmte Formel des Veda); das löst den Menschen aus dem Egoismus. Ein lebhaftes Nacherleben des Mysteriums von Golgatha und der Tatsache, daß da das überflüssige Blut der Menschheit geflossen ist, ist Hilfe dazu.»

Stellt sich dieses erweiterte Wesenskern-Erleben ein, so erfährt der Schüler, daß er sich zunächst erlebt in seinem Wesenskern, im Innern seiner Seele; daß aber, im Verlaufe seines meditativen Übens, allmählich auch das von Rudolf Steiner beschriebene Ich-Erlebnis außerhalb seines Körpers auftritt, von dem Rudolf Steiner sagt, daß es erlebt wird wie auf einer Linie, die immer nach dem Mittelpunkt der Sonne zeigt. – Wir leben also, wenn wir im Kraftenden unseres höheren Ich erwacht sind, sowohl im Kern unserer Seele als auch, wenn wir uns meditativ in sie versenken, in der Geistigkeit der Welt.

In solchem hellseherischen Erleben – wenn unsere Seele zum Schauplatz geworden ist, auf dem sich die Welt ausspricht, und wir uns durch die Kraft des umgekehrten Willens in die Dinge hinein erstrecken können[143] – leben wir, worauf uns Rudolf Steiner ausdrücklich hinweist, im Geist aller Dinge; wir dringen ein in das wahre, unvergängliche Zentrum alles Seins. Es ist für das meditative Erleben von größter Bedeutung, in diesem Augenblick sich dieses Tatbestandes bewußt zu werden; zu empfinden, daß wir jetzt das Tor zur geistigen Welt durchschritten haben und nun darinnenstehen im lebendigen Weben der geistigen Welt. Unsere höhere Ich-Kraft hat sich gesteigert; sie ist fähig geworden zum Erleben im Heiligen Geist, zum

Erleben der lebendigen, unsere Welt erschaffenden und erhaltenden Weltgedanken und zum Inspiriertwerden im leeren Bewußtsein durch sie.

Erreichnisse auf dem anthroposophischen Schulungsweg

Erwachen des wahren Ich

Wer mit der Anthroposophie vertraut ist, wird früher oder später das Verlangen haben, ihre Inhalte nicht nur als Erkennender zu erleben, sondern auch in der Gestalt von Geisterfahrungen, wie sie sich beim Beschreiten des anthroposophischen Schulungsweges zur Erlangung der Erkenntnisse der höheren Welten erschließen. Hierbei wird mancher vielleicht das Auftreten von aus dem atavistischen Hellsehen der Vergangenheit bekannten Offenbarungen erwarten; zum Beispiel das Auftreten von Bildaussagen, in denen sich das Wirken von Elementarwesen oder von höheren geistigen Wesen oder das Erscheinen von verstorbenen Menschen und so weiter manifestiert. Indessen will der anthroposophische Schulungsweg im Geistesschüler keine atavistischen Erlebnisse erwecken, sondern ein neues Hellsehen und einen Werdeprozeß, der sich in ihm auch in seinem Werdegang durch die wiederholten Erdenleben vollzieht. Zu diesem Werden zählt vor allem, daß der Mensch in einem bestimmten Moment seiner Entwicklung dazu reif wird, sich selber zu finden; daß er in seinem durch die Inkarnationen schreitenden ewigen Wesen erwacht. So erfährt er auf dem Schulungsweg als erstes großes, rein geistiges Erlebnis, wie sich eines Tages durch seine meditativen Bemühungen aus seinem alltäglichen Ich allmählich sein wahres Wesen herauszulösen beginnt und er in seinem Ewigkeitswesen zum Erwachen kommt, wie es der Autor in seinen Aufsätzen geschildert hat.[144]

Gefahr des Ich-Verlustes und des Verlustes der Erdenmission

Dieses Selbst ist es vor allem, um das der Kampf tobt, den die Widersachermächte in der Gegenwart auf allen Daseinsgebieten gegen den Menschen führen. Mit allen Mitteln versuchen sie in diesem Kampfe zu verhindern, daß der Mensch zum Erwachen in seinem Selbst gelangt, und wenn er erwacht, ihn dazu zu verführen, daß er es nur mit den Kräften des Egoismus erfüllt und nur ein Leben im Materialismus führen will. Wie Rudolf Steiner im Vortrag vom 1. November 1915[145] ausführt, kann das Ich im Menschen auch erwachen, ohne daß es als höheres Ich ersteht, indem es im Erwachen den Christus nicht in sich aufnimmt. Es erwächst dann – als böses Gegenbild zu dem mit der Liebeskraft des Christus erfüllten höheren Ich – der nur von Egokräften und materialistischem Sinnen erfüllte Gewaltmensch, «der das Ich ausgebildet hat, der es in aller Intensität in sich trägt, der ohne den Christus in das Ich aufzunehmen, die Welt beglücken will, aber es nicht kann». Und Rudolf Steiner fügt hinzu, daß es für diesen Gewaltmenschen nur den Augenblick des Todes gibt, wo er mit dem Christus in Beziehung treten kann, ihn aber sogleich verliert, weil er ihn in der Erdenwelt, in die der Christus eingetreten ist, «um in dieser Welt die Menschenherzen zu finden», nicht in sich aufgenommen hat.

Aber nicht nur diese mögliche Fehlentwicklung bei der Ichwerdung, sondern etwas Weiteres bedroht den Menschen der Gegenwart noch, auf das Rudolf Steiner warnend im Vortrag vom 18. Juli 1920[146] hinweist, nämlich, daß der Mensch heute in Gefahr steht, so stark im Materiellen aufzugehen, «daß er sich losschnürt von dem Geistig-Seelischen; daß er in die ahrimanischen Mächte hinein sich versenkt und mit den ahrimanischen Mächten in einer unserer Welt fremden Weltenströmung weitergeht, aber ohne sein Ich, das ja nicht zur ahrimanischen Welt gehören kann, sondern das nur seine wirkliche Entwicklung finden kann, wenn der Mensch der normal fortschreitenden Evolution folgt, wenn er sich verbindet mit alledem, was zusammenhängt mit dem Mysterium von Golgatha; wenn er vor allem in unserer Zeit erkennt, wie man den Zusammenhang zu suchen hat mit dem, was durch geistige Forschung an den Menschen herangebracht werden kann [...] Die Welt steht heute nicht nur vor der Gefahr», warnt Rudolf Steiner eindringlich, «im Ahrimanischen unterzugehen, sondern *die*

Welt steht heute vor der Gefahr, daß die Erdenmission verloren gehe.»[147] – Wenn wir uns um die Erkraftung unseres Ich bemühen, verhindern wir somit nicht nur, daß wir unser Ich verlieren, sondern tragen auch dazu bei, daß die Erdenmission ihr Ziel erreichen wird.

Zukunftsentwicklung

Was wir als Geistesschüler erarbeiten, ist indessen nicht nur von Bedeutung für unser persönliches Werden und das Erreichen der Ziele der Erdenmission, sondern ist auch unabdingbar notwendig, damit die nächsten Kulturepochen in der Menschheit in richtiger Weise erstehen. Rudolf Steiner weist in seinem Vortrag vom 13. Februar 1915[148] darauf hin, daß sich die geschichtliche Entwicklung so abspielen muß, «daß von der gegenwärtigen, die eigentlichen Kulturimpulse in sich tragenden Menschheit eine spirituelle Kultur geschaffen wird, welche die eigentliche geschichtliche Nachfolge der fünften (jetzigen) Kultur ist, und daß diese Kultur verarbeitet wird von dem, was nachfolgt» (von der sechsten, der russischen Kulturepoche). – In dieser sechsten Kulturepoche, erwähnt Rudolf Steiner, wird es die Aufgabe der Menschheit sein, «*den Geist* vor allen Dingen *als etwas sozusagen mehr in der Umgebung Schwebendes zu erkennen* als unmittelbar in sich – den Geist mehr in der elementaren Welt anzuerkennen –, weil diese sechste Kulturepoche die Aufgabe hat, die Erkenntnis des Geistes in der physischen Umgebung vorzubereiten» (vorzubereiten für die nach dem Krieg aller gegen alle, nach der siebenten Kulturepoche folgende sechste *Wurzelrasse,* wo eine solche Kultur allgemein Platz greifen muß). Ein solches Erleben des Geistes in der Elementar- oder Ätherwelt tritt aber, wie eine Vorstufe, anfänglich heute schon auf dem anthroposophischen Schulungsweg ein.[149] Die notwendige Vergeistigung der gegenwärtigen Kultur als Grundlage für die kommenden Kulturperioden, wie sie sich durch alles anthroposophische Schaffen und Tun verwirklicht, vollzieht sich somit auf dem Schulungsweg in derjenigen Gestalt, wie sie in Zukunft – auf höherer Stufe – in der fortgeschrittenen Menschheit allgemein vorhanden sein wird.

Drei Einweihungen auf dem Schulungsweg

Initiation durch den Kosmos

Im Vortrag vom 21. Juli 1923[150] spricht Rudolf Steiner davon, daß sich in den Mysterien der alten Zeiten die Initiation als *Initiation durch den Kosmos* vollzogen hat. «Die Lehrer der ersten Mysterien waren die Initiierenden für das Lesen im Äther des Kosmos, was man auch das Lesen im Chaos, in der Akasha-Chronik nennen kann [...] Das war im Grund genommen die erste Initiations- oder Einweihungsstufe, die die Menschheit im Erdendasein errungen hat.» – Diese Initiation vollzieht sich auch heute auf dem anthroposophischen Schulungsweg und wird von Rudolf Steiner wie folgt geschildert:

«Wir können [...] durch innere Übungen [...] *zu Menschen werden, die durch das Licht in dem Elemente der Leichtigkeit leben,* die durch das Licht gar nicht mehr ihren Zusammenhang mit der Erde empfinden, sondern mit den Weiten des Kosmos; wenn uns allmählich der Hinblick auf die Sterne, auf Sonne und Mond, auf die Weiten des Weltenalls etwas so Heimisches wird, wie wenn wir hinblicken auf die Pflanzen [...] Können wir aber [...] uns binden an die Weiten des Weltenalls, an die Wiese des Himmels, übersät von den Sternen – das ist jetzt nicht der Boden, sondern die Decke [...] *dann beginnen wir*, indem wir das Erdenbewußtsein verwandeln in ein Weltenbewußtsein, *unseren Ätherleib in uns ebenso zu gebrauchen*, wie wir sonst unseren physischen Leib gebrauchen. Dann allein sind wir fähig, an die Pflanzenwelt auch mit unserem Verständnis heranzudringen. Denn die Pflanzen sind nicht aus der Erde nach oben hervorgebracht, sondern sie sind durch den Himmel aus der Erde herausgesogen [...] Denn indem dann nachgefühlt wird, daß die Menschenseele so etwas kann – wenn sie sich nur ihres Ätherleibes wirklich bewußt wird –, vermag sie ihren Himmelsursprung, ihre Erdenunabhängigkeit, ihr Versetztsein auf die Erde zu empfinden [...] Der Mensch entreißt sich seelisch der Erde, indem er also wirklich seinen ätherischen oder Bildekräfteleib in Realität erfaßt.

Wenn man das tut, [...] so wird *durch den ätherischen Leib die ätherische Welt in unser Bewußtsein gelegt.*»

Dieses wunderbar umschrieben Erleben im Kosmos stellt sich, wie gesagt, auf dem anthroposophischen Schulungsweg als Initiationserlebnis ein und wird zu einer tief beeindruckenden Erfahrung. In unserem wahren Selbst erwacht, erfühlen wir uns als Ewigkeitswesen – verbunden mit dem ganzen Kosmos, zu dem der Mensch gehört – und wir fühlen uns eins mit den Welten, in denen wir unseren Ursprung haben.

Initiation durch die Weisen

Ein *zweites* Initiationserlebnis auf dem Schulungsweg ist die *Initiation durch die Weisen.* «Wie uns die Vergangenheit der sinnlichen Gegenwart durch das geschilderte Ätherschauen enthüllt wird», sagt Rudolf Steiner, «kann die Seele auch so vertieft werden, daß sie ein Bewußtsein erlangt von dem, was eigentlich im astralischen Leib spielt.» «Dazu bedarf es des liebevollen Sichversenkens in das, was als ein Zusammenhang mit den geistigen Welten in den großen Mysterien gelebt hat. Können wir lesen», erwähnt er, «was in den Seelen der großen Mysterienlehrer gelebt hat, was ich darzustellen versuchte in meinem ‹Christentum als mystische Tatsache›, kann man lebendig wirken lassen, was die Mysterienlehrer in sich entwickelt haben aus ihrem Umgang mit den Geistwesen selber, dann kommt man heran an jene Initiation, die sich in späteren Erdenzeiten hinzugesellt hat zu der kosmischen Initiation und die ich die *Initiation der Weisen* nennen möchte [...] Wenn man das, was noch herüberglänzt aus alten Zeiten – sagen wir in der wunderbaren Vedantaweisheit und aus anderen Weisheitsinhalten älterer Zeiten –, mit innerer Lebendigkeit erfaßt, dann erfaßt einen dafür auch wiederum die eigene Lebendigkeit und man wird nahe gebracht an die Initiation des Kosmos. Und wenn man sich mit inniger Liebe in solche Dinge vertieft, wie ich sie in meinem Buche ‹Das Christentum als mystische Tatsache› darstellte, wo versucht worden ist, die alten Mysterien in ihren Inhalten hinzustellen im Zusammenhang mit dem Mysterium von Golgatha, dann kommt man nahe der Initiation der Weisen.» – Hinzugefügt sei, daß uns zu dieser zweiten Initiation selbstverständlich auch alle geistigen Erkenntnisse, die wir aus der Geistesforschung Rudolf Steiners offenbart erhalten, führen.

Initiation durch Selbsterkenntnis

Die *dritte* Initiation, die sich auf dem Schulungsweg vollzieht, nennt Rudolf Steiner die *Initiation der Selbsterkenntnis* und bemerkt dazu, daß für die Gegenwart nötig ist, «ehrlich in das eigene Innere hineinzuschauen und in Unbefangenheit dieses eigene Innere kennenzulernen – den eigenen Geist –, der einem dann vom Innern die Seele beleuchtet.» Hier erschließt sich dem Schüler ein unerschöpfliches Arbeitsgebiet, denn in der Begegnung mit seinem Innern erwächst ihm eine tiefgehende Erkenntnis seines Wesens, und er erkennt, was er aus den Kräften seines erwachten höheren Ich in seinem Wesen wandeln muß. Es ist die Begegnung mit seinem Doppelgänger, die er erfährt. Diese Begegnung bedarf des Mutes, an seiner Entwicklung unermüdlich weiterzuarbeiten; in seinen Bemühungen, trotz des starken Verstricktseins der niederen Natur des Menschen in die Kräfte der Widersachermächte, nicht zu erlahmen, im Vertrauen darauf, daß uns bei unverzagtem Bemühen in allen Schwierigkeiten stets geistige Mächte helfend beiseite stehen.

Wenn sich die drei Einweihungserlebnisse einstellen, haben sich in der Seele des Geistesschülers schon weitgehend diejenigen Veränderungen vollzogen, von denen Rudolf Steiner in seiner «Geheimwissenschaft im Umriß»[151] spricht. Er sagt dort darüber, daß sich neben dem durch die meditativen Bemühungen selbständig, gleichsam zu drei Persönlichkeiten gewordenen Denken, Fühlen und Wollen im Seelenleben neue Seelenglieder erbilden. «Das Denken, das selbständig geworden ist», erwähnt er, «regt das Auftreten einer besonderen *vierten* seelisch-geistigen Wesenheit an, welche man bezeichnen kann wie ein unmittelbares Einfließen von Strömungen in den Menschen, die den Gedanken ähnlich sind. *Die ganze Welt erscheint da als Gedankengebäude,* das vor einem steht, wie die Pflanzen- oder Tierwelt im physisch-sinnlichen Gebiete. Ebenso regen das selbständig gewordene Fühlen und Wollen zwei Kräfte in der Seele an, welche in derselben wie selbständige Wesen wirken. Und noch eine siebente Kraft und Wesenheit kommt dazu, welche ähnlich dem eigenen Ich ist.» Zu dieser *siebenten* Kraft bemerkt er an anderer Stelle[152]: «Ja, diese siebente Wesenheit ist in gewisser Beziehung nichts anderes als der *Doppelgänger, der Hüter der Schwelle selbst.*»

Deutlich läßt uns das Gesagte erkennen, daß wir die erste Initiation, das Erleben im Äther des Kosmos, dadurch erleben können, daß sich durch unser meditatives Arbeiten die erwähnte vierte Kraft oder Wesenheit in der Seele erbildet hat; ebenso können wir erkennen, daß sich auch die erwähnte siebente Kraft in uns erschaffen hat, wenn wir in der Initiation der Selbsterkenntnis das Erleben unseres Doppelgängers erfahren.

Die geschilderten Erreichnisse auf dem Schulungsweg – das Finden von sich selbst und das Erkennen von dessen Werden sowie das Erkennen der die Ich-Entwicklung bedrohenden Gefahren und wie die Zukunftsentwicklung sich vollzieht; die Einblicke in die kosmischen Welten, in die Tiefen der eigenen Seele und das Verstehen der Weisheiten, die in den Mysterien lebten und sich heute in neuer Gestalt in der Anthroposophie offenbaren: all dies zählt für jeden Geistesschüler zum Wertvollsten, das er im Erdenleben erreichen kann.

Wer sich auf dem Schulungsweg unermüdlich um solche Erreichnisse bemüht, darf sich dessen bewußt sein, was Rudolf Steiner am Ende seines Vortrags vom 29. März 1913[153] ausspricht: «daß wir an der von den Göttern gewollten Evolution selbsttätig ein Stück arbeiten, indem wir uns weiterbringen […], daß spirituelle Entwicklung der Menschenseelen immer mehr und mehr als eine Notwendigkeit wird angesehen werden, und daß das Sichfeindlichstellen zur spirituellen

Entwicklung bedeuten wird ein Sichverbinden mit den in der eigenen Erdenschwere zugrunde gehenden Abfallprodukten des Irdischen, mit dem Herausfallen aus der gottgewollten Evolution des Weltenalls».

Nachwort

In den vorliegenden Beiträgen sind Erlebnisse auf dem anthroposophischen Schulungsweg zur Erlangung der Erkenntnisse von höheren Welten geschildert, die sich dem regelmäßig und kontinuierlich arbeitenden Geistesschüler früher oder später ergeben. In diesen Erlebnissen erfährt der Schüler, daß er sich in einer geistigen Wirklichkeit bewegt, die ihn lebendig webend umgibt, und daß sich ihm in diesem Erleben vielgestaltige Erlebnisdimensionen offenbaren. Sie zu schildern ist nur in vielseitigen Beschreibungen möglich, in denen die grundlegenden Erlebnisse auf dem Schulungsweg, wie in diesen Aufsätzen, von immer neuen Seiten aufgezeigt werden.

Derartige Schilderungen sind für das Hineinwachsen in die geistige Welt von großer Bedeutung, denn dieses Hineinwachsen bedarf der Kräfte, die im meditativen Schaffen erarbeitet werden, und solche Kräfte erwachen im Schüler auch durch ein periodisches Sich-Vertiefen in die Schilderungen des Hineinlebens in die geistige Welt. Die in diesen Aufsätzen von immer neuen Gesichtspunkten ausgehenden Darstellungen der grundlegenden Schritte zum Betreten der geistigen Welt und das regelmäßige Leben des Schülers in solchen Schilderungen sind deshalb für das Arbeiten auf dem Schulungsweg von wesentlicher Bedeutung.

Es sei betont, daß sich auf dem anthroposophischen Schulungsweg das Hineinwachsen in die geistige Welt nur vollziehen kann, wenn der Geistesschüler die von Rudolf Steiner geschilderten Schritte beachtet: zunächst das In-Schlaf-versinken-Lassen des alltäglichen, niederen Ich; dann das anfängliche Erwachen im höheren Ich; im weiteren, daß die Seele zum Schauplatz wird, auf dem ihm sein zu geistigen Wahrnehmungsorganen gewordenes Denken, Fühlen und Wollen das Sprechen der geistigen Welt offenbart. – In diesem Sprechen erfährt der Schüler eine erste Offenbarung der Geistwesen der Hierarchienwelt. Diese Wesen denken, im Meer der Weltgedanken lebend, in sich die schöpferischen Gedanken der anderen hierarchischen Wesen. «Sie lassen völlig die Weltgedanken in sich lebend denken. *Ihr Leben* verläuft im Wahrnehmen der Weltgedankensprache und *ihr Wollen* besteht darin, daß sie *sich* gedankenhaft zum Ausdruck bringen», sagt Rudolf Steiner[154] und erwähnt im weiteren:

«Es entsteht (mit diesen Wesen) ein geistiger Verkehr, der in einer Gedankensprache besteht. Man erlebt Gedanken; aber man weiß, daß *man in den Gedanken Wesen erlebt*. In Wesen zu leben, die in Gedanken sich nicht bloß ausdrücken, sondern die mit ihrem Eigensein in den Gedanken anwesend sind, heißt mit der Seele in der geistigen Welt leben.»

Mit dem Erwachen des lebendigen Weltgedankenerlebens beginnt der Schüler, in dieses Leben in der geistigen Welt einzutreten.

Im meditativen Schaffen vollzieht sich eine Umwandlung der Seele des Schülers. Es ist deshalb verständlich, daß sich die Fortschritte in der inneren Entwicklung erst allmählich ergeben. Doch darf der Schüler in seinem Schaffen die Gewißheit haben, auf dem Weg zu den Zielen zu sein, zu denen ihn, in einer bedeutend längeren Zeitspanne, auch seine Lebensschicksale führen wollen.

Anmerkungen

Die Literaturhinweise auf das Werk Rudolf Steiners beziehen sich auf die im Rudolf Steiner Verlag, Dornach/Schweiz, erscheinende Gesamtausgabe (GA).

Vom meditativen Leben

1 Ernst Suter-Schaltenbrand: «… aber er bemerkt es nicht», Aspekte des anthroposophischen Schulungsweges, Dornach 1998, S. 52 (Vom Wesen der Meditation und von weiteren Gesichtspunkten).
2 GA13, 1977, Die Geheimwissenschaft im Umriß, S. 317.
3 Siehe Anm. 1, S. 14 (Wie offenbart sich die geistige Welt?); S. 20 (Geburt des zweiten Menschen in uns …).
4 GA 266/2, 1996, Aus den Inhalten der Esoterischen Stunden 1910–1912, Esoterische Stunde vom 11. Januar 1911, S. 133 und S. 136, sowie Ernst Suter-Schaltenbrand, Kapitel «Zur Bildung der Lotusblumen».
5 Siehe Anm. 1, S. 9 (… aber er bemerkt es nicht).
6 Siehe Anm. 1, S. 52 (Vom Wesen der Meditation und von weiteren Gesichtspunkten).
7 Maria Röschl-Lehrs: Vom zweiten Menschen in uns, Dornach 1972, S. 52.
8 Siehe Anm. 1, S. 76 (Vom Hineinwachsen in die geistige Welt, das leere Bewußtsein).
9 Siehe Anm. 1, S. 20, Aufsatz Geburt des zweiten Menschen in uns.
10 GA 266/1, 1995, Aus den Inhalten der Esoterischen Stunden 1904–1909, Esoterische Stunde vom 29. Januar 1907, S. 203.

11 GA 266/2, siehe Anm. 4, Esoterische Stunde vom 26. Januar 1912, S. 315.
12 Siehe Anm. 1, S. 76 (Vom Hineinwachsen in die geistige Welt).
13 GA 35, 1965, Philosophie und Anthroposophie, Gesammelte Aufsätze 1904–1923, S. 143.
14 GA 182, Der Tod als Lebenswandlung, Vortrag vom 10. Februar 1918.
15 GA 97, 1968, Das christliche Mysterium, S. 304.
16 GA 227, Initiations-Erkenntnis, Vorträge vom 19. und 23. August 1923.
17 Siehe Anm. 1, S. 14 (Wie offenbart sich die geistige Welt?).
18 Siehe Anm. 16, Vortrag vom 19. August 1923.
19 Siehe Anm. 16, Vortrag vom 20. August 1923.
20 GA 138, 1959, Von der Initiation, Vortrag vom 28. August 1912, S. 75.
21 GA 13, siehe Anm. 2, S. 371, und Anm. S. 50 (Vom Erleben der Gefühlsoffenbarungen).
22 GA 107, Geisteswissenschaftliche Menschenkunde, Vortrag vom 26. Oktober 1908.
23 GA 266/2, siehe Anm. 4, Esoterische Stunde vom 7. Juni 1912, S. 380 und 382.
24 Siehe Anm. 1, S. 87/88 (Vom Hineinwachsen in die geistige Welt, das leere Bewußtsein).
25 Ernst Suter-Schaltenbrand: Das Bild des Kosmos aus astronomischer und anthroposophischer Sicht. In: «Das Goetheanum», Dornach, Nr. 6/1994 und Nr. 7/1994.
26 GA 314, 1989, Physiologisch-Therapeutisches auf Grundlage der Geisteswissenschaft, Vortrag vom 26. Oktober 1922, S. 79/80.
27 Siehe Kapitel «Zuschauer seiner selbst».
28 Siehe Anm. 1, S. 20 (Geburt des zweiten Menschen in uns).
29 Siehe Anm. 1, S. 24 (Hellseherische Bewußtseinszustände).
30 Siehe Anm. 1, S. 18/19 (Wie offenbart sich die geistige Welt?).
31 GA 83, 1981, Westliche und östliche Weltgegensätzlichkeit, Vortrag vom 5. Juni 1922, S. 148.

32 GA 266/1, siehe Anm. 10, S. 525 und S. 527.
33 GA 266/2, siehe Anm. 4, S. 381 und Anm. 1, S. 63.

Die Bedeutung der elementaren meditativen Übungen

34 GA 10, 1975, Wie erlangt man Erkenntnisse der höheren Welten?
35 GA 194, Die Sendung Michaels, Vortrag vom 30. November 1919.
36 GA 28, Mein Lebensgang, XXII. Kapitel.
37 GA 20, 1984, Vom Menschenrätsel, S. 162–164.
38 GA 83, siehe Anm. 31, Vortrag vom 5. Juni 1922, S. 148.

Zur Meditation «Es denkt – Sie fühlt – Er will»

39 GA 266/1, siehe Anm. 10, S. 97.
40 GA 42/245, 1968, Anweisungen für eine esoterische Schulung, S. 40.
41 GA 264, 1984, Zur Geschichte und aus den Inhalten der ersten Abteilung der Esoterischen Schule 1904–1914, S. 96.
42 GA 35, siehe Anm. 13, S. 289f.
43 GA 266/2, siehe Anm. 4, S. 425 und S. 434.
44 Siehe Anm. 1, S. 64 (Eine zentrale Meditation).
45 GA 182, Siehe Anm. 14, Vortrag vom 10. Februar 1918.
46 GA 266/2, siehe Anm. 4, S. 468.

Zur Bildung der Lotusblumen

47 GA 13, siehe Anm. 2, S. 345.
48 GA 10, siehe Anm. 34, S. 117.
49 Siehe Kapitel «Zur Meditation ‹Es denkt – Sie fühlt – Er will›».
50 GA 10, siehe Anm. 34, S. 118.
51 GA 10, siehe Anm. 34, S. 144f.
52 GA 266/2, siehe Anm. 4, S. 311 und S. 318.

53 GA 10, siehe Anm. 34, S. 144.
54 Siehe Anm. 1, S. 24 (Hellseherische Bewußtseinszustände), S. 76 (Vom Hineinwachsen in die geistige Welt).

Zuschauer seiner selbst

55 GA 134, Die Welt der Sinne und des Geistes, Vortrag vom 29. Dezember 1911.
56 GA 95, 1964, Vor dem Tore der Theosophie, Vortrag vom 4. September 1906, S. 157.
57 GA 182, siehe Anm. 14, Vortrag vom 10. Februar 1918, S. 42.
58 Beitrag von Alla Selawry im Nachrichtenblatt Nr. 47 vom 20. November 1994 über das Buch «Ehrenfried Pfeiffer – Pionier spiritueller Forschung und Praxis», Dornach 1987.
59 Siehe Anm. 1, S. 76 (Vom Hineinwachsen in die geistige Welt).
60 GA 10, siehe Anm. 34, S. 38.
61 GA 104, Die Apokalypse des Johannes, Vortrag vom 25. Juni 1908.
62 GA 266/3, 1998, Aus den Inhalten der Esoterischen Stunden 1913–1923, Esoterische Stunde vom 9. Februar 1920, S. 356/358.

Der kleine und der große Hüter der Schwelle

63 Siehe Anm. 1, S. 76 (Vom Hineinwachsen in die geistige Welt).
64 Siehe Anm. 1, S. 20 (Geburt des zweiten Menschen in uns).
65 GA 10, siehe Anm. 34, Kapitel «Der Hüter der Schwelle», S. 193.
66 GA 10, siehe Anm. 34, S. 198.
67 GA 10, siehe Anm. 34, S. 195.
68 GA 178, Individuelle Geistwesen und ihr Wirken in der Seele des Menschen, Vortrag vom 16. November 1917: «Das Geheimnis des Doppelgängers, Geographische Medizin».
69 GA 13, siehe Anm. 2, S. 377.

70 GA 13, siehe Anm. 2, S. 379.
71 GA 13, siehe Anm. 2, S. 379.
72 GA 13, siehe Anm. 2, S. 376.
73 GA 13, siehe Anm. 2, S. 381.
74 GA 13, siehe Anm. 2, S. 374.
75 GA 13, siehe Anm. 2, S. 387.
76 GA 138, siehe Anm. 20, Vortrag vom 27. August 1912, S. 58f.
77 GA 13, siehe Anm. 2, S. 394f.

Können durch Rückführungen echte Reinkarnationserinnerungen erweckt werden?

79 Morey Bernstein: Protokoll einer Wiedergeburt, München 1973.
80 Helen Wambach: Seelenwanderung, München 1986.
81 Helen Wambach: Leben vor dem Leben, München 1986.
82 Wochenschrift «Das Goetheanum», Nr. 46 und 47/1986.
83 Wochenschrift «Das Goetheanum», Nr. 47 und 48/1987.
84 GA 163, Zufall, Notwendigkeit und Vorsehung, Vortrag vom 28. August 1915.
85 GA 239, Esoterische Betrachtungen karmischer Zusammenhänge, Vortrag vom 13. Juni 1924.
86 GA 239, siehe Anm. 85, Vortrag vom 14. Juni 1924, und GA 236, Vortrag vom 22. Juni 1924.
87 GA 235, Esoterische Betrachtungen karmischer Zusammenhänge, Vortrag vom 9. März 1924.
88 Thorwald Dethlefsen: Schicksal als Chance, München 1992, S. 228.
89 GA 236, Esoterische Betrachtungen karmischer Zusammenhänge, Vortrag vom 9. Mai 1924.
90 Siehe Anm. 1.
91 Siehe Anm. 1 (Geburt des zweiten Menschen in uns; Vom Hineinwachsen in die geistige Welt; Nachwort).
92 GA 182, siehe Anm. 14, Vortrag vom 10. Februar 1918.
93 GA 84, 1961, Was wollte das Goetheanum und was soll die Anthroposophie?, Vortrag vom 27. September 1923.

95 Siehe Anm. 1, S. 20 (Geburt des zweiten Menschen in uns).
96 Siehe Anm. 1, S. 33 (Das Erwachen des imaginativen Bewußtseins).
97 Siehe Anm. 1, S. 40 (Vom Erleben der Gefühlsoffenbarungen).
98 GA 12, Die Stufen der höheren Erkenntnis, Kapitel «Inspiration und Intuition».
99 GA 53, 1957, Grundbegriffe der Geisteswissenschaft, Vortrag vom 16. März 1905.
100 GA 84, siehe Anm. 93, Vortrag vom 26. Mai 1924.
101 GA 53, siehe Anm. 99, Vortrag vom 16. März 1905, und GA 10, siehe Anm. 34, S. 138f.
102 GA 53, siehe Anm. 99, Vortrag vom 16. März 1905, S. 176.
103 GA 10, siehe Anm. 34.
104 GA 96, Ursprungsimpulse der Geisteswissenschaft, Vortrag vom 20. Oktober 1906.
105 GA 53, siehe Anm. 99, Vortrag vom 30. März 1905, S. 200.
106 GA 322, Grenzen der Naturerkenntnis, Vortrag vom 1. Oktober 1920.
107 GA 161, Wege der geistigen Erkenntnis und der Erneuerung künstlerischer Weltanschauung, Vortrag vom 2. Mai 1915.
108 GA 227, siehe Anm. 16, Vortrag vom 20. August 1923.
109 GA 12, siehe Anm. 98, Kapitel «Imagination».
110 Siehe Anm. 1, S. 31 (Das Erwachen des imaginativen Bewußtseins. Die Frage: Imagination oder Vision?).
111 GA 82, Die Bedeutung der Anthroposophie im Geistesleben der Gegenwart. Neuer Obertitel: Damit der Mensch ganz Mensch werde, Vortrag vom 10. April 1922.
112 GA 117, Die tieferen Geheimnisse des Menschheitswerdens im Lichte der Evangelien, Vortrag vom 13. November 1909.
113 GA 227, siehe Anm. 16, Vortrag vom 20. August 1923.
114 GA 174b, 1974, Die geistigen Hintergründe des Ersten Weltkrieges, Vortrag vom 14. Februar 1915.
115 GA 322, siehe Anm. 106, Vortrag vom 2. Oktober 1920.

Das Erwachen des zweiten, dritten und vierten Menschen

116 Siehe Kapitel «Vom meditativen Leben» und Kapitel «Die seelisch-geistigen Erlebnisse auf dem Schulungsweg».
117 GA 138, 1959, Von der Initiation, Vortrag vom 28. August 1912, S. 72ff.
118 GA 267, 1997, Seelenübungen mit Wort- und Sinnbild-Meditationen, S. 463.
119 GA 138, siehe Anm. 94, Vortrag vom 27. August 1912, S. 94.
120 GA 84, siehe Anm. 93, Vortrag vom 20. April 1923, S. 102.
121 GA 84, siehe Anm. 93, Vortrag vom 15. April 1923, S. 86.
122 GA 266/2, 1996, Aus den Inhalten der Esoterischen Stunden 1910–1912, Esoterische Stunde vom 7. Juni 1912, S. 383f.
123 GA 84, siehe Anm. 93, Vortrag vom 22. April 1923, S. 141.
124 GA 84, siehe Anm. 93, Vortrag vom 21. April 1923, S. 123–127.
125 GA 84, siehe Anm. 93, Vortrag vom 21. April 1923, S. 128.
126 GA 84, siehe Anm. 93, Vortrag vom 21. April 1923, S. 126.
127 GA 84, siehe Anm. 93, Vortrag vom 21. April 1923, S. 128–129.
128 GA 95, Geisteswissenschaft als Erkenntnis der Grundimpulse sozialer Gestaltung, Vortrag vom 8. August 1920. – Bezüglich des inspirierten Erlebens siehe auch Anm. 1 (Vom Hineinwachsen in die geistige Welt, Das leere Bewußtsein), S. 82–88.
129 Siehe Kapitel «Die Bedeutung der elementaren meditativen Übungen».

Das Sich-Erschaffen durch sich selbst

130 GA 264, siehe Anm. 41, S. 66.
131 Ernst Suter-Schaltenbrand, Vom meditativen Leben, Erfahrungen auf dem anthroposophischen Schulungsweg, Dornach 2001 (Kap. «Zur Meditation ‹Es denkt – Sie fühlt – Er will›»).
132 GA 245, siehe Anm. 40, S. 41ff.
133 GA 245, siehe Anm. 40, S. 40.
134 GA 13, siehe Anm. 2, S. 372.
135 GA 267, siehe Anm. 118, Artikel «Zu den Atemübungen» von Hella Wiesberger, S. 519.

136 GA 266/2, siehe Anm. 4, Esoterische Stunde vom 17. Januar 1911, S. 136.
137 GA 35, siehe Anm. 3, Kapitel «Die Erlebnisse des Geistesforschers und die Erkenntnistheorie», S. 143.
138 Siehe Anm. 1, S. 76 (Vom Hineinwachsen in die geistige Welt).

Das selbständige hellseherische Forschen

139 GA 53, Vortrag vom 16. März 1905 (Die großen Eingeweihten).

Vom Christus-Erlebnis im Erwachen des höheren Ich und vom Erleben im Heiligen Geist

140 GA 265, 1987, Zur Geschichte und aus den Inhalten der erkenntniskultischen Abteilung der Esoterischen Schule 1904–1914, S. 266.
141 Brief des Apostels Paulus an die Galater, 2. Kapitel, Vers 20: «Ich lebe aber, doch nun nicht ich, sondern Christus lebt in mir» (Luther).
142 GA 264, 1984, Zur Geschichte und aus den Inhalten der ersten Abteilung der Esoterischen Schule 1904–1914, S. 193.
143 Siehe Kapitel «Zuschauer seiner selbst» und «Die Bedeutung der elementaren meditativen Übungen».

Erreichnisse auf dem anthroposophischen Schulungsweg

144 Siehe Anm. 1, S. 20 (Geburt des zweiten Menschen in uns) und S. 76 (Vom Hineinwachsen in die geistige Welt).
145 GA 254, 1969, Die okkulte Bewegung im neunzehnten Jahrhundert und ihre Beziehung zur Weltkultur, Vortrag vom 1. November 1915, S. 219f.
146 GA 198, 1969, Heilfaktoren für den sozialen Organismus, Vortrag vom 18. Juli 1920, S. 283f.

147 GA 198, siehe Anm. 137, Vortrag vom 28. Juli 1920, S. 289.
148 GA 174b, siehe Anm. 114, Vortrag vom 13. Februar 1915, S. 39f.
149 Siehe Anm. 1, S. 24 (Hellseherische Bewußtseinszustände), S. 76 (Vom Hineinwachsen in die geistige Welt) und S. 109 (Nachwort).
150 GA 225, 1990, Drei Perspektiven der Anthroposophie, Vortrag vom 21. Juli 1923.
151 GA 13, siehe Anm. 2, S. 374.
152 GA 13, siehe Anm. 2, S. 387.
153 GA 145, Welche Bedeutung hat die okkulte Entwickelung des Menschen für seine Hüllen – physischen Leib, Ätherleib, Astralleib und sein Selbst?, Vortrag vom 29. März 1913.

Nachwort

154 GA 17, Die Schwelle der geistigen Welt (Von geistigen Weltwesenheiten).

Die *Kursivierungen* in den Texten von Rudolf Steiner stammen vom Autor.

Erstveröffentlichungen von Artikeln im Nachrichtenblatt der Wochenschrift «Das Goetheanum», Dornach

«Vom meditativen Leben» in Nr. 47 vom 21.11.1999.
«Die seelisch-geistigen Erlebnisse auf dem Schulungsweg» in Nr. 4 vom 23. Januar 2000.
«Zur Meditation ‹Es denkt – Sie fühlt – Er will› in Nr. 30/31 vom 23. Juli 2000.

«Zur Bildung der Lotusblumen» in Nr. 29 vom 28. Juli 1999.

«Der kleine und der große Hüter der Schwelle» in Nr. 43 vom 22. Oktober 2000.

«Können durch Rückführungen echte Reinkarnationserinnerungen erweckt werden?» in Nr. 44 vom 29. Oktober 2000 (vorliegende Fassung teilweise geändert).

«Erreichnisse auf dem anthroposophischen Schulungsweg» in Nr. 11 vom 11. März 2001.

Ernst Suter-Schaltenbrand

«… aber er bemerkt es nicht»

Aspekte des anthroposophischen Schulungsweges

1998/99, 128 S., Gb
ISBN 3-7235-1040-X

Rudolf Steiners Schilderungen der Erlebnisse beim Beschreiten des anthroposophischen Schulungsweges werden von Ernst Suter-Schaltenbrand als Selbsterfahrungen eines Geistesschülers wiedergegeben. Dabei wartet er nicht mit theoretischen Ausführungen auf, sondern mit konkreten Beschreibungen von Erlebnissen und beantwortet damit im ganz Praktischen die immer wieder gestellte Frage: Was sind die Ergebnisse des Schulungsweges?

Verlag am Goetheanum